Johannes Bours

Der Gott, der mein Hirte war mein Leben lang

Mit Bibelworten beten

Herder Freiburg · Basel · Wien

VIERTE AUFLAGE

Umschlagbild: Erich Lessing Magnum Photo

Alle Rechte vorbehalten – Printed in Germany
© Verlag Herder Freiburg im Breisgau 1977
Imprimatur. – Freiburg im Breisgau, den 19. Juli 1977
Dr. Schlund, Domdekan
Herstellung: Freiburger Graphische Betriebe 1979
ISBN 3-451-17991-1

Vorwort

Die Bibelworte in diesem Buch sind aus den beiden ersten Büchern der Bibel ausgewählt, dreißig Worte aus dem 1. Buch Mose (Genesis) und dreißig Worte aus dem 2. Buch Mose (Exodus). In der persönlichen Schriftlesung, der fortlaufenden, nichts auslassenden Lesung der Bibel, waren es die Verse, die mich besonders angesprochen haben und mich zum betrachtenden Verweilen angehalten haben. So ist es gewiß eine subjektive Auswahl und auch, mehr oder weniger, eine subjektive Auslegung. Aber vielleicht ist es doch auch ein Vorschlag, wie der Leser es für sich selber mit der Schriftlesung machen kann.

Dazu eine Anregung: Sie lesen zunächst nur das ausgewählte Bibelwort – noch nicht die vorgelegte Ausdeutung – und versuchen selber, es zu hören und zu beantworten. Dabei könnten Sie nach diesem ,,Schema'' vorgehen:

1. Kurze Gebetsbesinnung: Herr, ich höre auf dein Wort!
2. Lesen des Wortes (am besten laut).
3. Was ist die *Aussage* des Wortes? (Auch vom Zusammenhang her.)

4. Was ist der *Zuspruch* des Wortes?
5. Was ist der *Anspruch* des Wortes?
6. Wie erkenne ich *Christus* in diesem Wort?
7. Antwortendes Gebet.

Vielleicht ist es gut, nicht jeden Tag ein neues Wort zu nehmen, sondern mit einem Wort, das Sie besonders berührt, längere Zeit zu leben. Als *Lebenswort*, das heißt als Wort, mit dem ich zu leben versuche, wird es immer mehr fruchtbar werden, vielleicht aber auch immer tiefer als Geheimnis! Denn Gott ist das Geheimnis.

Inhalt

Vorwort 5

Aus dem Buch Genesis

1. Gott ruhte am siebten Tag von seinem ganzen Werk 11
2. Die Taube trug ein frisches Blatt von einem Ölbaum 13
3. Gott sprach: Ich stelle meinen Bogen in die Wolken 14
4. Geh du aus deinem Land! 16
5. Abram machte sich fest in Gott 17
6. Du bist ein Gott des Sehens! 18
7. Geh einher vor meinem Antlitz! Sei ganz! . 19
8. Da fiel Abraham auf sein Angesicht nieder und lachte 22
9. Ist denn für Jahwe etwas zu wunderbar? . . 23
10. Und Abraham trat dicht heran 24
11. Rette dich, es gilt dein Leben! 26
12. Da Abraham ein Prophet ist, möge er Fürsprache für dich einlegen 28
13. Als mich Gott aus meinem Vaterhaus in das Ungewisse hinausschickte 30
14. Abraham nannte diesen Ort „Jahwe sieht" . 32
15. Und so fiel das Feld mit der Höhle darauf von den Hethitern an Abraham als Grabbesitz . 34

16. Weile als Fremdling in diesem Land 36
17. Wahrlich, Jahwe ist an dieser Stätte, und ich
    wußte es nicht 38
18. ... dann soll Jahwe mein Gott sein, und von
    allem will ich dir den zehnten Teil geben . 40
19. So diente Jakob um Rahel sieben Jahre. Sie
    waren in seinen Augen wie ein Tag 42
20. Als aber Jahwe sah, daß Lea ungeliebt war,
    öffnete er ihren Mutterschoß 44
21. Da begegneten ihm Gottesengel: Das ist das
    Heerlager Gottes! 45
22. Da rang ein Mann mit ihm, bis die Morgen-
    röte aufstieg 47
23. Ich lasse dich nicht, es sei denn, du segnest
    mich 49
24. Er aber hinkte an seiner Hüfte 50
25. Ich habe dein Angesicht gesehen, wie man das
    Angesicht Gottes sieht 52
26. Ein Schrecken Gottes aber lag auf den Städten
    ringsum 54
27. Ich suche meine Brüder 56
28. Israel aber streckte seine Rechte aus und legte
    sie auf das Haupt Ephraims, obgleich er der
    Jüngere war 57
29. Der Gott, der mein Hirte war mein Leben lang 59
30. An den Weinstock bindet er den Esel 61

Aus dem Buch Exodus

31. Da erschien ihm der Engel Jahwes inmitten
    einer Feuerflamme 63
32. Da rief Gott ihm mitten aus dem Dornbusch
    zu: Mose! Mose! 65
33. Da sprach er: Tritt nicht näher heran! . . . 66

34. Gesehen habe ich, gesehen das Elend meines
    Volkes   68
35. Gott sagte zu Mose: Ich bin der „Ich-bin-da"   72
36. Und es wird eine Finsternis über das ganze
    Land kommen   75
37. Es ist Vorübergang des Herrn   78
38. Es war eine Nacht der Wache von Jahwe . .   82
39. Ich, Jahwe, will dein Arzt sein   84
40. Heute abend sollt ihr erfahren, daß Jahwe es
    ist, der euch aus Ägypten herausgeführt hat   86
41. Solange Mose seine Hände erhoben hielt, war
    Israel stärker   88
42. Ich trug euch auf Adlerflügeln   90
43. Siehe, ich werde im Wolkendunkel zu dir
    kommen   92
44. Mose führte das Volk aus dem Lager hinaus
    zur Begegnung mit Gott   95
45. Ich bin Jahwe, dein Gott, der dich aus Ägypten,
    dem Sklavenhaus, herausgeführt hat   97
46. Wenn du mir einen Altar aus Steinen errichten
    willst, so darfst du ihn nicht aus behauenen
    Steinen bauen   99
47. Siehe, ich sende einen Engel vor dir her . . 101
48. Am siebten Tag rief er Mose mitten aus der
    Wolke heraus zu 103
49. Errichte mir ein Heiligtum, damit ich in ihrer
    Mitte wohnen kann 105
50. Sieh zu, daß du alles genau nach dem Urbild
    machst 106
51. Mose nahm das Zelt und schlug es für ihn
    außerhalb des Lagers auf 108
52. Jahwe redete mit Mose von Angesicht zu An-
    gesicht, wie man mit seinem Freunde spricht 110

9

53. Geht dein Antlitz nicht mit, bring uns von hier nicht hinauf 111
54. Ich kenne dich mit Namen 113
55. Ich will alle meine Schönheit vor dir vorüber-ziehen lassen 115
56. Du kannst mein Angesicht nicht sehen . . . 117
57. Vor mir sollst du nicht mit leeren Händen er-scheinen 119
58. Ich werde deine Grenzen weit machen . . . 122
59. Alle Erstgeburt gehört mir 124
60. Als Mose vom Berge Sinai herabstieg, wußte er nicht, daß die Haut seines Angesichts strahlte 127

10

Gott vollendete am siebten Tag sein Werk, das er 1
gemacht hatte, und ruhte am siebten Tag von sei-
nem ganzen Werk, das er gemacht hatte. Und Gott
segnete den siebten Tag und heiligte ihn, denn an
ihm ruhte er von seinem ganzen Schöpfungswerk.

Genesis 2, 2–3

Es gibt in der Schöpfung eine ,,Ruhe'', die von Gott
kommt. Diese Ruhe heißt nicht: nun kommt nichts
mehr, sondern sie ist am siebten Tag ein Eigenes:
,,Gott *vollendete* am siebten Tag sein Werk!''
(,,Gott *feierte* am siebten Tag'', so übersetzt Martin
Buber.) Und dieses Eigene des siebten Tages wird
von Gott ausdrücklich gesegnet und geheiligt: es
hat ganz und bleibend mit Gott zu tun.
Es gibt in der Welt, es gibt in meinem Dasein eine
,,Ruhe'', eine innerste Kammer, die ,,Ruhe'' ist; sie
hat zutiefst mit Gott zu tun, sie ist vollendetes
Werk Gottes!

Was ist diese innerste Kammer in der Welt, in meinem Dasein, die ,,Ruhe'' heißt und ganz und gar von
Gott ist? Sie ist da – nicht als mein Werk; sie ist da,
auch wenn ich sie nicht wahrnehme. Aber sie wartet darauf, daß ich mich in sie einlasse, daß ich sie
in mich einlasse. Ist diese ,,Ruhe'' das zutiefst *Ver-
trauengebende* in der Welt, in meinem Dasein?
Die Glaubenden des Alten Bundes sahen in dieser
,,Ruhe Gottes'', die im Sabbat ihren Ausdruck fand,
ein Bundeszeichen, ein Zeichen der Gemeinschaft
mit Gott. Im Glauben an diese ,,Ruhe Gottes'' un-

terschieden sie sich von den Heiden (den „Aktivi-
sten“).

Es gibt also in unserem Dasein, in meinem Dasein
einen Ort der Ruhe, die Ruhe des lebendigen Gottes.
Sie ist der Ort des tiefsten Vertrauendürfens.
Augustinus betet von dieser Ruhe:

„Herr, Gott, gib uns den Frieden – du hast uns alles
ja gegeben – Frieden der Ruhe, Frieden des Sabbats,
Frieden ohne Abend. Denn alle diese herrlich-
schöne Ordnung der sehr guten Dinge wird vergehen, wenn ihr Maß erfüllt ist: und es ward Morgen
in ihnen, und es ward Abend. Der siebte Tag aber
ist ohne Abend, und er hat keinen Untergang; denn
du hast ihn geheiligt, daß er ewig dauere.“

Die Taube kam am Abend zu ihm zurück, und **2**
siehe, sie trug ein frisches Blatt von einem Ölbaum
in ihrem Schnabel. *Genesis 8, 11*

Noah hatte aus der Arche die Taube entsandt. Ein
erstes Mal war sie zurückgekommen, „weil das
Wasser noch über der ganzen Erde stand". Nun
kommt sie wieder zurück. Noch konnte sie nicht in
der Nacht draußen bleiben, aber – „siehe"! – sie
bringt ein Zeichen: bald!
Friede ist noch nicht, aber er kündigt sich an: bald!
In der Matthäuspassion von J. S. Bach gibt es am
Abend des Karfreitags das bewegende Rezitativ:

„Am Abend, da es kühle war –
Am Abend kam die Taube wieder.
Und trug ein Ölblatt in dem Munde.
O schöne Zeit! O Abendstunde!
Der Friedensschluß ist nun mit Gott gemacht.
Denn Jesus hat sein Kreuz vollbracht."

Frieden ist da – und doch: noch nicht! Aber er wird
kommen! Ich will die Zeichen des Friedens suchen,
die zarten Zeichen. Ich will sie hervorlocken, her-
beirufen – ich will Ausschau halten nach dem Frieden: *jeden Tag!* Friede ist da – noch wartet er.

Herr, schenke uns deinen Frieden!
Deinen Frieden, den die Welt nicht geben kann.

3 *Und Gott sprach: Dies sei das Zeichen des Bundes,
den ich zwischen mir und euch und allen Lebewe-
sen, die bei euch sind, für künftige Geschlechter
schließe: Ich stelle meinen Bogen in die Wolken, er
soll ein Zeichen des Bundes sein zwischen mir und
der Erde. Wenn der Bogen in den Wolken erscheint,
werde ich ihn ansehen, um des ewigen Bundes zu
gedenken.* Genesis 9, 12–13.16

Das hebräische Wort, das wir mit Regenbogen
übersetzen, bedeutet sonst im Alten Testament den
Kriegsbogen. Damit ist eine Vorstellung von altertümlicher Schönheit gegeben: Gott zeigt der Welt,
daß er seinen Bogen beiseite gestellt hat" (G. von
Rad).
Wir wissen, wie der Regenbogen zustande kommt,
dieses wunderbare Gebilde im Sonnenlicht. Aber
durch dieses Wort der Genesis wird er als *Medita-
tionsbild* transparent, durchscheinend: in Dunkelheit und Chaos der Welt – ein Zeichen! Für einen
Augenblick aufscheinend: *Zuletzt* ist Ordnung,
Gehaltenheit, Schönheit! Es gibt in der Schöpfung
das Schreckliche, Unheimliche, Grauenhafte.
Aber – zuletzt ist etwas von diesem Zeichen vor der
dunklen Wolkenwand.

Es ist nicht viel, dieses Zeichen.
Aber es ist wie ein erstes Hindeuten.
Wohin? Auf *den* Tag, da die Sonne aufging:

14

„Und sehr früh am ersten Tage der Woche,
als eben die Sonne aufging,
kamen sie zum Grabe..." (Mk 16,2).

Nicht mehr Zeichen –
Anbruch der neuen Welt!

Herr, laß uns die Zeichen
deines Friedens erkennen!

4 *Der Herr sprach zu Abram: Geh du aus deinem Land, aus deiner Heimat, aus deinem Vaterhaus in das Land, das ich dir zeigen werde.*

Genesis 12, 1

Das erste Wort, das Gott in der Bibel zu einer geschichtlich erkennbaren Gestalt gesprochen hat, ist dieses: „Geh du aus deinem Land!" Ein Wort des Auszugs, des Exodus. Ist damit für die Lebensmelodie des Glaubenden das Thema angeschlagen? Aufbruch, auf den Weg gehen, Auszug aus dem Gewohnten, aus dem festen Standort. „Geh du": auf dem Weg sein!
Im Evangelium ruft Jesus auf den Weg: „Wer mein Jünger sein will, der folge mir nach!" In der Apostelgeschichte wird die junge Christenheit „der neue Weg" genannt!

Wo muß ich loslassen?
Wo bin ich gebunden?
Wo habe ich mich angesiedelt?
Wo bin ich verhärtet in „Positionen"?
Wo muß ich ausziehen aus Eigenentwürfen?

Herr, rufe mich auf den Weg!

Es erging in einem Gesicht das Wort Gottes an Ab- 5
ram: Fürchte dich nicht, Abram! Ich bin dein
Schild. Dein Lohn soll sehr groß sein.
Abram machte sich fest in Gott,
und Gott rechnete es ihm als Gerechtigkeit an.

Genesis 15,1.6

Abraham ist auf dem Weg in einem fremden Land.
Jahrzehnte der Wanderschaft sind dahingegangen
seit dem Tage, da die Stimme ihn zum erstenmal
rief: „Geh du!"
Zweifel sind über ihn gefallen,
ob sein Leben sich noch erfüllt,
ob sein Leben noch zu einem Sinn kommt.

Da sagt Gott:
„Fürchte dich nicht: Ich bin dein Schild!"
Gott selber will sich wie ein lebendiger Schild
rings um Abraham stellen.
Und Abraham vertraut sich
diesem lebendigen, bergenden Schutzwall an.
„Abraham glaubte Gott" – das hebräische Wort für
„glauben" (he'emin, das in unserem „Amen" nach-
klingt) heißt ursprünglich „sich festmachen in",
„Stand nehmen in":
Er nahm Stand in Gott!
So geht er seinen Weg.
Hier ist Anfang und Urbild des Glaubens!

Herr, ich vertraue dir!

6 *Da nannte sie den Namen Jahwes, der zu ihr ge-*
sprochen hatte: Du bist ein Gott des Sehens!
Darum nennt man den Brunnen: Brunnen des Le-
bendigen, der mich sieht. Genesis 16, 13–14

Hagar, die Magd und Nebenfrau Abrahams, ist in
die Wüste verstoßen worden. Ein anderes Kapitel
der Genesis (21) erzählt, daß sie mit ihrem Kind dem
Tod des Verdurstens nahe ist. Da läßt Gott sie den
rettenden Brunnen finden.

Nicht eine von den Großen,
die in der Ahnenreihe stehen.
Eine von den Kleinen.
Außenseiterin. Ausgestoßene.
In der Wüste – allein mit dem Kind.
Und Gott sieht! –
Sieht Gott die, die „draußen" sind?
Die im Elend sind?
Der Gekreuzigte ist die einzige Antwort.
Hagar ist die erste,
die in der Bibel für Gott einen Namen findet:
Gott des Sehens!
Der Lebendige-mich-Sehende!
Die „draußen" sind,
finden den neuen Namen für Gott.
Sie erfahren Gott: wie zum ersten Mal!
Weiß ich den Namen, meinen Namen, für Gott?

Laß mich leben in deinem Blick!
„O du Sehensgott!"

18

Als Abraham neunundneunzig Jahre war, erschien 7
Jahwe dem Abraham und sprach zu ihm: Ich bin
der allmächtige Gott. Geh einher vor meinem Ant-
litz! Sei ganz!"   Genesis 17, 1

Gottes Blick, in dessen Lichtbahn Abraham gehen
soll, ist Allmacht, ist Segen, der auf Abrahams Weg
sich senkt. Sein Antlitz gibt Weisung: Geh! So war
ja das erste Wort, das an Abraham erging: Geh! Aber
nun hatte dieses „Geh einher" doch einen neuen
Klang; es ist nicht das Einmalige des Anfangs, der
Aufbruch, in welchem der Glaube beginnt, im ersten Anruf Gottes. Dieses erste „Geh!" wird zum
„Wandle vor meinem Antlitz", ein Kontinuierli-
ches – gegen den punktuellen Glauben, in welchem
der Mensch versucht ist, immer wieder sich anzu-
siedeln unterwegs, sich hier und da zu sichern, weil
ein geheimes, nicht eingestandenes Mißtrauen,
eine verborgene Kleingläubigkeit gegen Gott in ihm
ist. Es ist uns, als komme ganz in der Ferne, am Horizont, da der Alte Bund in den Neuen hinein-
wächst, dieses „Wandle vor meinem Antlitz" zur
Reife in dem „Bleiben" des Johannesevangeliums:
„Bleibet in mir!" „Bleibet in meiner Liebe!"
„Sei ganz!", so wie das Opfertier des Alten Bundes
unversehrt, fehlerfrei, vollständig sein mußte. „Es
ist die Beschlagnahme seines ganzen Lebens, das
hinfort im Angesicht dieses offenbar gewordenen
Gottes gelebt werden soll" (G. von Rad). Sei ganz in
der Lichtbahn, die von meinem Antlitz ausgeht, sei

ganz darin, lebe ganz davon! Vorher ist Abraham
seine eigenen Wege gegangen, Wege des heimlichen
Mißtrauens gegen Gott: mit Hagar, der Magd, hatte
er den Sohn gezeugt, der der unfruchtbaren Sara
trotz aller Verheißungen Gottes versagt blieb. Der
Glaube Abrahams in Gottes Zusage war klein geworden; er hatte auf eigenen Wegen, Umwegen, un-
geduldig drängend der Verheißung Gottes zur Erfüllung verhelfen wollen – aber Hagars Sohn war nicht
der Sohn der Verheißung (Kap. 16). Nun wird er in
diesem Wort wieder auf den *einen* Weg unter dem
Antlitz Gottes gerufen: „Sei ganz! Sei nicht zwie-
spältig in deinem Glauben und Leben! Stelle dein
Leben und deine Zukunft völlig und ganz allein auf
mich! Sei ungeteilt!"

„Sei ganz!" – dieses Wort steht in der Genesis. Genesis aber ist Schöpfung, ist Anfang. Und so dürfen
wir dieses Wort Gottes nicht nur als Imperativ verstehen.

Es ist zugleich Schöpfungswort, wie mit ausge-
streckter Schöpferhand gesprochen, so wie der Herr
im Evangelium zu dem Aussätzigen sprechen wird:
„Sei rein!" Gott macht in diesem Wort mit Abraham wieder den neuen Anfang: Nach allem Irrweg
Abrahams ins Ausweglose stellt Gott ihn nun wieder in diesem „Sei ganz!" auf den Weg, der allein
zum Ziel führt, zu jenem Ziel, das über Isaak, den
Sohn der Verheißung, weit hinausführt bis zu jenem
Sohn Abrahams, der fern am Horizont der Heilsgeschichte steht und von sich sagen wird: „Ehe Abraham war, bin ich!"

In Jesus Christus ist das Antlitz Gottes über uns, ist *das* Anschauen Gottes: das allmächtige Wohlgefallen, die Zuneigung Gottes, welche die große Freude weckt (Phil 4, 4 f) und in der der Mensch „ganz" sein kann.

Herr, laß mich leben in deinem Blick!
Laß mich ganz sein vor deinem Antlitz!

8 *Da fiel Abraham auf sein Angesicht nieder und lachte. Er dachte bei sich: Einem Hundertjährigen soll noch ein Kind geboren werden? Und Sara, die Neunzigjährige, soll noch gebären?* Genesis 17, 17

Gott hat dem Abraham den Sohn verheißen und aus ihm große Nachkommenschaft. Und Abraham lacht.

Das Lachen Abrahams. Die große Gebärde der Anbetung – und das Lachen! Ist es ein grimmiges Lachen wie aus Verzweiflung kommend? Anbetung und Grimm aus verzweifelter Enttäuschung, nach jahrzehntelangem vergeblichem Hoffen? Nicht aufgegebene Anbetung, nicht aufgegebener Glaube, aber jetzt, vor dieser Zusage Gottes: Lachen! – „Ein geradezu schauerliches Lachen, todernst" (G. von Rad). – „Treibt er sein Spiel mit mir? Laß mir, Gott, wenigstens den Sohn der Magd, den Ismael, am Leben ...!"

Ein Mann sitzt in der Kirche eines Mönchsklosters. Er war mit seinem Lebensschicksal an den Rand eines Abgrunds gekommen. Da hört er im Chor vorne die Mönche den Psalm 136 singen, in dem es wie eine Litanei zwanzig-, dreißigmal wiederkehrt: „... quoniam in aeternum misericordia eius – denn seine Huld währt ewig". – Und der Mann, der ein Glaubender ist, lacht. Todernstes Lachen.

Gottes Verheißung hat sich erfüllt.

Wir sind Kinder Abrahams.

Herr, ich glaube, hilf meinem Unglauben!

22

Das Wort ruht in der Geschichte wie ein Edelstein in kostbarer Fassung" (G. von Rad). Es ist die Geschichte von der Verheißung Gottes an Abraham, daß er einen Sohn haben wird und in ihm bis an den Horizont der Zeit gelangen wird – und in Christus die Erfüllung dieser Verheißung über alle menschliche Ahnungskraft hinaus.

„Ist denn für Gott etwas zu wunderbar?"

Das ist ein Rettungswort.

Ich sollte diesen Edelstein bei mir tragen und ihn anschauen in einer Stunde ohne Hoffnung –

damit ich bitten und vertrauen und hoffen kann, gegen alle Hoffnung.

Aber auch in einer Stunde wunderbarer Erfahrung, damit ich danken kann.

Daß der Tod sich in Leben wandelt: „Ist denn für Jahwe etwas zu wunderbar?" Der Ostertag ruft es als Jubel des Glaubens aus!

„Das Wort ruht in der Geschichte wie ein Edelstein in kostbarer Fassung": Was ist der Preis, den wir für diesen Edelstein bezahlen müssen? Es gibt ein Wort von La Rochefoucauld: „Die Kunst aller Künste und die Weisheit aller Weisheit ist es, den Preis einer jeden Sache zu kennen." Was ist der Preis für diesen Edelstein? Sich loslassen im Vertrauen in Gott hinein!

Herr, gib mir Vertrauen!

10 *Da aber blieb Jahwe vor Abraham stehen.*
Und Abraham trat dicht heran
und sprach: Willst du wirklich
den Gerechten mit dem Gottlosen vernichten?

Genesis 18, 22–23

Viele Übersetzungen haben: „Da aber blieb Abraham vor Jahwe stehen." G. von Rad schreibt dazu:
„In Vers 22 findet sich eine der ganz wenigen eigen-
mächtigen Änderungen, die die jüdischen Gelehr-
ten der nachchristlichen Zeit am Text gewagt haben (und die natürlich genau vermerkt wurden):
Daß Jahwe wie abwartend vor Abraham stehengeblieben sei, erschien ihnen mit der Würde Jahwes
unvereinbar: sie haben den Satz dahin geändert, daß
Abraham vor Jahwe stehengeblieben sei. Sie haben
damit die zögernde Geste Jahwes, die doch eine
stumme Aufforderung, sich auszusprechen, ent-
hielt, ihrer religiösen Scheu zum Opfer gebracht."

„Abraham trat dicht heran und sprach...
Das also gibt es im Beten!
Wie geschieht es?
Es ist nicht das gelassene Sich-fallen-Lassen
in Gott hinein, im großen Vertrauen.
Ist es dies, daß ein Mensch
mit der ganzen Kraft seines Herzens,
ganz zur Bitte geworden, zu Gott hindrängt?
Auch Jesus kannte es:
„Und als er in Todesangst kam,
betete er immer inständiger" (Lk 22, 44).

24

Das griechische Wort , das mit „inständiger" über-
setzt ist,
bedeutet eigentlich „angespannter", „heftiger".
Kenne ich eine Lebensstunde,
in der es dieses Beten Abrahams gab?
Beten der großen Fürbitte?
Kennt die Kirche solches Beten, so wie es die frühe
Kirche kannte:
„Da wurde Petrus im Gefängnis bewacht.
Von der Gemeinde aber wurde
inständig für ihn zu Gott gebetet" (Apg 12, 5)?

Herr, gib mir den Glauben und den Mut Abrahams.

11 *Rette dich, es gilt dein Leben!*
Schau nicht hinter dich, bleibe nicht stehen...!

Genesis 19,17

Es geht um Lots Errettung
aus dem Untergang von Sodom.
Zuruf in äußerster Krisis!
Jede Sekunde des Zögerns,
des Zurückschauens bedeutet:
von der Katastrophe verschlungen zu werden.
„Schau nicht hinter dich,
bleibe nicht stehen":
verhaftet der Vergangenheit,
festgesetzt in „Positionen",
verhärtet im bisher Gewordenen:
Brich auf! Sofort! „Es gilt dein Leben!"
Das Rad der Verwandlung
muß in Bewegung bleiben.
Wer sich festsetzt, verliert das Leben.
Leben gibt es nur auf dem Wege,
in der Bewegung!

„Rette dich, es gilt dein Leben!"
Ist das nur Zuruf
im Augenblick höchster Gefahr?
Ist es nicht auch Zuspruch
auf das Ganze meines Lebens hin?
Kann nicht im schleichenden Verlust
das Leben dahingehen –
und auf einmal wird das „Vergeblich!",
die tödliche Leere offenbar?

„Seele, du hast viele Güter da liegen
auf viele Jahre, ruhe aus,
iß und trink und laß es dir wohl sein. –
Du Tor, in dieser Nacht wird man
dein Leben von dir fordern..." (Lk 12, 19–20).
„Wozu sind wir auf Erden?"
So hieß im alten Katechismus die erste Frage.
Wozu bin ich da?
Ich habe nur dieses eine Leben!
„Rette dich, es gilt dein Leben!"

Herr, laß nicht zu,
daß ich mich um mein Leben betrüge!

12 *Da Abraham ein Prophet ist,*
möge er Fürsprache für dich einlegen,
damit du am Leben bleibst. *Genesis 20,7*

Das sagt Gott zu Abimelech, dem König von Gerar,
der schuldig geworden ist.

Es gab nur Götter, überall auf der ganzen Welt.
Abraham, ein einziger, der den einen Gott kennt.
Der erste Glaubende.
Der einzige, den der eine Gott ergriffen hat:
Prophet!
Einer, der Zugang hat zu Gott.
Einer, der die Sprache Gottes versteht.
Ihm ist die Fürsprache auferlegt
für die ganze Welt.
Ein Einsamer.
Gott hört ihn.

Die Christen sind Nachkommen Abrahams:
„Erkennt denn: die aus dem Glauben,
die sind Söhne Abrahams.
Wenn ihr Christus angehört,
dann seid ihr
Nachkommen Abrahams" (Gal 3, 7.29).

Ist dann der Christ auch „Prophet"?
So wie Gott von Abraham sagt:
„Da er ein Prophet ist,
möge er Fürsprache für dich einlegen"?

Einer, der Zugang hat zu Gott?
Einer, der die Sprache Gottes versteht?
Einer, dem die Fürsprache auferlegt ist?
Ja! In Christus, dem wir angehören!
„Denn wir haben einen Fürsprecher beim Vater,
Jesus Christus, den Gerechten!" (1 Joh 2, 1.)

Glaube ich, daß mir
dieser Abrahamsdienst auferlegt sein kann?

Herr, laß mein Gebet weit werden
in der Fürsprache.
Mach es weit: durch Christus,
den Fürsprecher beim Vater!

13 *Als mich Gott aus meinem Vaterhaus in das Unge-
wisse hinausschickte ...* \text{Genesis 20, 13}

So spricht Abraham zu Abimelech,
dem König von Gerar.

Schickt Gott ins Ungewisse hinaus?
Geht der Glaubende ins Ungewisse?
Geht mein Weg ins Ungewisse?

Abraham, der erste Glaubende,
wird von Gott gerufen und hinausgeschickt.
Gott sagt: „Geh in das Land,
das ich dir zeigen werde" (Gen 12, 1).
Das Ziel wird nicht genannt.
Gott wird zeigen, wo es ist.
Aber dazwischen die weite Strecke des Weges:
Umherirren, Zweifel, Einsamkeiten, Fragen,
„Ungewißheit und Wagnis" ...
„Du bist ein Gott, der sich verbirgt",
sagt der Prophet (Jes 45, 15).
Immer wieder Stationen des Weges:
Wo bist du, Gott?
Die Frage: Ist er da?
Kann er das zulassen?
Sieht er mich? Hilft er? Hat es noch Sinn?

Auch Abraham kennt dieses Fragen.
Aber an den Stationen des Fragens und Zweifelns
dann auch immer wieder:

„Da baute er Jahwe einen Altar
und rief den Namen Jahwes an.
Dann wanderte er immer weiter..." (Gen 12, 8).
Stärkung des Glaubens ist da.
„Es ist gut, daß ich weitergehe...!"
Es ist gut, zu vertrauen.
„Du bist vertraut mit all meinen Wegen" (Ps 139, 3).
Und: „Herr, ebne vor mir *deinen* Weg!" (Ps 5, 9.)

„Als mich Gott in das Ungewisse hinausschickte ...":
Wird mich zuletzt
der Tod ins Ungewisse hinausschicken?
Ich schaue auf den Gekreuzigten,
der in das Dunkel des Todes hinausgeschickt wurde.
Er sagt mir: „Wer mir nachfolgt,
wandert nicht in der Finsternis:
Er wird das Licht des Lebens haben" (Joh 8, 12).

Führ, gütiges Licht,
mich aus dem dunklen Graus,
führ du mich recht!
Die Nacht ist schwarz,
und ich bin weit von Haus,
führ du mich recht!
Leucht meinem Fuß;
nicht daß das Letzte sich
mir schon enthüll',
ein Schritt genügt für mich.   J. H. Newman

Abraham nannte diesen Ort ‚Jahwe sieht‘.

Genesis 22,14

Abraham hatte den schrecklichen Ruf Gottes gehört, ihm seinen einzigen Sohn Isaak zu opfern. Als er das Opfermesser erhob, rief die Stimme: „Abraham, Abraham, tu ihm nichts zuleide! Denn nun weiß ich, daß du mir deinen einzigen Sohn nicht vorenthalten hast."
Und der Segen Gottes überflutete ihn ganz: „In deinen Nachkommen werden alle Völker der Erde gesegnet werden!"

Diese Erfahrung Abrahams ist durch alle Jahrtausende den Juden Trost gewesen bei ihren „unsinnigen" Erfahrungen mit ihrem Gott. Paulus erinnert sich im Römerbrief an diese Erzählung, als er über das Kreuz, die Hingabe *des* Sohnes nachdenkt.
Ein Gott, der die Probe macht, wie weit er bei diesem ersten Glaubenden gehen kann?
Ein grausamer Gott? –

Aber Abraham nennt den Ort: „Gott sieht!"
Und dieses Sehen ist Segen:
Es eröffnet die Zukunft
bis an den Horizont der Zeit!
Was der Glaubende in Gott hinein losläßt,
empfängt er gesegnet und für immer zurück.
Was ich festhalte und nur zu eigen haben will –
es mag mir gehören, aber immer in Ängsten:
es wird vergehen!

Abraham gibt den Sohn, das Liebste,
in die Verfügung Gottes hinein,
ohne den Sinn der Forderung Gottes zu erkennen:
er empfängt nicht nur ihn zurück,
neu und geliebter als zuvor,
sondern: in ihm die Segnung der ganzen Welt.
Das Geopferte bleibt.
Aber opfern – wie Abraham – kann nur der,
der glaubt: *Gott sieht!*

„Worauf Gott seine Hoffnung setzt,
das wage ich."   Mechthild von Magdeburg

15 *Und so fiel das Feld mit der Höhle darauf*
von den Hethitern an Abraham als Grabbesitz.

Genesis 23, 20

Sara, die Frau Abrahams, war gestorben. Das Land
Kanaan, das Abraham als Nomade durchwanderte,
war von den Hethitern bewohnt. Das ganze Land
war von Gott den Nachkommen Abrahams als Besitz verheißen worden. Aber noch gehörte ihm
nichts von diesem Land; sie waren Fremdlinge. Nun
kaufte Abraham von den Hethitern bei Hebron ein
Feld mit einer Höhle als Grabbesitz.

Das erste, was Abraham vom verheißenen Land als
Besitz erhält, ist – ein Grab! Er hatte das Land seiner
Väter auf Gottes Geheiß verlassen, er hatte alles
verlassen.

„Geh in das Land, das ich dir zeigen werde", so hatte
Gott zu ihm gesprochen.

Ein Grab wird für den „Fremdling"
der erste Erbbesitz!
Wird Anfang des Gelobten Landes!
Aus Fremdlingen werden Erben –
durch ein Grab!
Ein Grab ist der Anfang!

Das Ostergrab wird
der Anfang des Gelobten Landes.
Durch das Ostergrab werden wir,
die Kinder Abrahams,
aus Fremdlingen zu Erben!

34

Die Grabhöhle wird zur Stätte des Beginns,
der Geburt!
Gottes Verheißung läßt den Tod
zum Anfang werden.
Christi Grab wird zum Anfang *des* Lebens.

Herr, gib mir die Kraft, zu sagen:
Ich will mein Grab nicht fürchten!

16 *Weile als Fremdling in diesem Land, und ich will*
mit dir sein und dich segnen. Denn dir und deinen
Nachkommen will ich alle diese Länder geben.

Genesis 26, 3

Das Wort ist zu Isaak gesprochen. Ungezählte
Male steht dies Wort von der „Fremdlingschaft" in
den Mosebüchern. Es ist nicht wie nebenbei gesprochen. Von diesem Wort spannt sich der Bogen bis
hin zu den Worten der frühen Kirche: „Sie schauten
die Verheißungen Gottes von ferne und grüßten sie
und bekannten, daß sie Fremdlinge und Beisassen
auf der Erde seien. Denn die solches sagen, tun
kund, daß sie ihre Heimat suchen ..." (Hebr 11, 13).
Und der erste Petrusbrief richtet sich „an die
auserwählten Fremdlinge in der Zerstreuung"
(1 Petr 1, 1).

Sind wir Fremdlinge auf Erden?
Das Wort: „Weile als Fremdling in diesem Land" ist
auf einen Weg hin gesprochen, auf ein Wachsen hin.
Es gilt immer noch – und ist doch reif geworden.
In der Auferstehung Christi hat Gott *das* Ja in die
Welt gesprochen (2 Kor 1, 19). An Pfingsten erfüllte
der Sturm des Geistes, die Kraft der Erlösung „das
ganze Haus": die ganze Welt!
Und es gilt: „*Alles ist euer!* Ihr aber seid Christi,
Christus aber ist Gottes!" (1 Kor 3, 23.)
Und dennoch: Je christlicher die Christen sind, um
so fremder werden sie in der Welt sein; um so mehr
werden sie sich sehnen nach dem Offenbarwerden

36

der „künftigen Herrlichkeit". Nach dem Frieden der Neuen Stadt, deren Leuchte das Lamm ist.

„Die Freude des Menschen hienieden ist nichts als eine vergrößerte Sehnsucht" – können wir dieses Wort von Jean Paul wandeln: Die Freude des Christen läßt die Sehnsucht größer werden hin zu der bleibenden Freude?

„Weile als Fremdling in diesem Land"! Ich darf mich nicht ansiedeln in meinen Lebensentwürfen. Ich darf nicht festhalten...

Ich aber will Ausschau halten
nach dem Herrn!   Micha 7, 7

17 *Jakob erwachte aus seinem Schlaf und sprach:*
Wahrlich, Jahwe ist an dieser Stätte,
und ich wußte es nicht!   *Genesis 28,16*

Auf der Flucht vor seinem Bruder war Jakob auf
dem Feld von Betel in Schlaf gesunken. Da hatte er
das Traumgesicht von der Himmelsleiter, auf der
Engel Gottes auf- und niederstiegen. Erwachend
weiß er in Betroffenheit: Gott ist hier!

Vielleicht müssen wir erst zur Ruhe kommen.
Vielleicht muß unsere Flucht
uns eine Pause lassen.
Dann können die Zeichen
aus der Tiefe unserer Seele aufkommen.
„Denn auf die eine Weise redet Gott, auf eine
zweite – doch man achtet nicht darauf: Im Traum,
im Nachtgesicht, wenn tiefer Schlaf sich auf die
Menschen senkt, im Schlummer auf dem Lager, da
öffnet er der Menschen Ohr...“, so heißt es im
Buche Ijob (33,14–15).
Viele Zeichen kommen –
„man achtet nicht darauf“.
Vielleicht sind wir zu angespannt,
und die Zeichen aus der Tiefe
können nicht durchkommen
durch den gespannten Vordergrund unseres Be-
wußtseins...
Sind nicht gelockert, gelöst, gelassen genug,
nicht vertrauend...

Sind nicht aufmerksam,
die zarten und demütigen Zeichen wahrzunehmen...
Es sind nicht nur die Träume,
die uns gütig die Wegzeichen
zu *unserer* Wahrheit geben können.
Wir lassen die Stille nicht zu,
in der wir die Stimme
unserer Wahrheit vernehmen könnten. –
Zurückschauend erkennen wir manchmal:
Da war es!
Da war Er!
Brauchen wir den Abstand, so sehen zu können?
Kann erst Vergangenes uns erwecken?
Es wird gut sein,
das Verweilen und die Stille zuzulassen,
damit wir nicht ahnungslos vorbeileben
an seiner Nähe, seiner Erwartung.
Vielleicht wird so
die Kraft unserer Aufmerksamkeit gestärkt:
für ihn!
Für die Zeichen, die er immerfort gibt!

,,*Herr, gib, daß ich dich erkenne!*
Gib, daß ich mich erkenne!"   Augustinus

18 *Dann sprach Jakob: Wenn ich wohlbehalten in das Haus meines Vaters zurückkehre, dann soll Jahwe mein Gott sein. Und dieser Stein, den ich als Gedenkstein aufgerichtet habe, soll ein Gotteshaus werden, und von allem, was du mir schenkst, will ich dir den zehnten Teil geben.*   Genesis 28, 21–22

Ein Auffallendes ist in diesen Sätzen: der unvermittelte Übergang von der indirekten Rede in das Du! „Dann soll Jahwe mein Gott sein ... dann will ich dir den zehnten Teil geben."

Wir denken nach über Gott.
Wir reden über Gott.
Aber wenn das Reden oder Denken
über Gott, von Gott, nie zum Du übergeht ...?
Wenn im Nachdenken über Gott
nie etwas vom Du-Sagen verborgen ist ...?

Es gibt ein leichtfertiges Du-Sagen zu Gott,
wie ein Plappern.
Es gibt das Zögern vor dem Du-Sagen,
das aus dem erschrockenen Glauben kommt:
Gott ist größer!
Der uns lehrte, zu Gott Vater zu sagen,
lehrte uns damit auch,
zu Gott du zu sagen!
Und er gab uns zu diesem Du
eine menschlich-liebenswürdige Brücke:
„Wer mich sieht, sieht den Vater!" (Joh 14, 9.)

40

Liebende warten darauf,
daß der eine zum anderen immer wieder du sagt.
Gott wartet darauf,
daß ich immer wieder zu ihm du sage.
Der Klang dieses Du zu Gott ist immer anders:
flüchtig, zaghaft, fragend, suchend, dankbar,
in Freude, in Zweifel, in Not ...

Martin Buber überliefert uns
das Lied eines frommen Rabbis:

„Wo ich gehe – du!
Wo ich stehe – du!
Nur du, wieder du, immer du!

Du, du, du!
Ergeht's mir gut – du!
Wenn's weh mir tut – du!
Nur du, wieder du, immer du!
Du, du, du!

Himmel – du, Erde – du,
Oben – du, unten – du,
Wohin ich mich wende, an jedem Ende
Nur du, wieder du, immer du!
Du, du, du!"

19 *So diente Jakob um Rahel sieben Jahre. Sie waren in seinen Augen wie ein Tag, so lieb hatte er sie.*

Genesis 29, 20

Jakobs Flucht hatte ihn zu Laban, dem Bruder seiner Mutter, geführt. Laban hatte zwei Töchter, die ältere Lea, die jüngere Rahel. Jakob warb um Rahel, und sie zu gewinnen, diente er Laban sieben Jahre.

Das ist die Erfahrung der Liebenden: die Zeit zählt nicht, die Mühe zählt nicht, wird nie aufgerechnet. Wenn einer das einmal in seinem Leben erfahren hat: er weiß es!
Gilt das auch für den Glaubenden? Für den Glaubenden und den Partner seines Glaubens: Gott?
„So diente Jakob sieben Jahre. Sie waren in seinen Augen wie ein Tag, weil er liebte..."
Glaube und Liebe kommen aus einer gemeinsamen Wurzel. Aber die Glaubensliebe wird wohl anders erfahren, erlebt. Nicht daß da weniger an Tiefe – etwa der Entscheidung – wäre; aber sie ist verhüllter, verborgener.
In dem Buch „Sterben im Krankenhaus" (hrsg. von R. Kautzky, Freiburg 1976, Herderbücherei Nr. 561) berichtet eine Frau von dem sich durch vier Wochen hinziehenden Sterben ihres Mannes. In einem Abschnitt dieses Buches findet sich ein bewegendes Bekenntnis dieser Glaubensliebe zu Gott.
„Es war acht Tage vor seinem Tod, ein Dienstagmorgen, ich saß in seinem Zimmer an seinem Bett. Es ging ihm sehr schlecht...

Wenn N. in diesen vier Wochen über etwas sprach, war es eine Mitteilung seiner Gedanken, seiner Vorstellungen, seiner Wünsche. Diesmal sprach er ganz anders. Es war ein Vermächtnis, es sollte ganz gewiß ein Vermächtnis sein. Er sprach in großer Unruhe und innerer Bewegtheit. Ihm liefen die Tränen die Backen herunter. Er sagte: ‚Ich habe dich sehr geliebt, aber meine Leidenschaft hat dem Heiligen Israels gegolten.‘ Er wiederholte noch einmal: ‚Ich habe dich gewiß sehr lieb gehabt, aber verzeih, meine einzige Leidenschaft hat Jahve gegolten, dem Heiligen Israels. Er hat mich mitten ins Herz getroffen.‘

Und dann sprach er jene Verse voller Anbetung, voller Erfahrung. Er sprach das ‚Heilig, heilig, heilig‘ und andere Texte... Sie stammten aus dem Geist der Propheten, die von diesem Gott Jahve in Beschlag genommen waren.“

„O du brennender Gott in deiner Sehnsucht!
Ohne dich kann ich nicht mehr sein!“

Mechthild von Magdeburg

20 *Als aber Jahwe sah, daß Lea ungeliebt war, öffnete er ihren Mutterschoß, und sie gebar einen Sohn, den nannte sie Ruben, denn, sprach sie: Jahwe hat mein Elend angesehen.* Genesis 29, 31–32

Armut hat viele Gestalten. Vielleicht ist das die schlimmste Armut – Armut der Vielen? –, nie zu hören: Es ist gut, daß du da bist! Es ist gut, daß es dich gibt!
Kann ein Mensch leben ohne Zustimmung?

Hier wird gesagt: Gott sieht! Gottes Blick geht dorthin, wo Armsein ist: „Als aber Jahwe sah, daß Lea ungeliebt war ..." – Sieht er?
Wandelt er solche Armut?
Schickt er Engel oder schickt er Menschen, dem Armen zu sagen und ihn erfahren zu lassen: Jahwe hat dein Elend angesehen!?
Du bist angenommen!
Du bist geliebt! Dein Leben hat Zukunft! –

Viele bleiben ungeliebt. Für immer?
Einer ist für uns ganz arm geworden. Der Gekreuzigte hat alles Armsein an sich gezogen, auch dieses bitterste: nicht geliebt zu sein. Er, *der* Arme, hat mit seinen gekreuzigten Händen alle Armut der Welt Gott hingehalten.
Und Gott sieht!

Herr, sieh an das Elend der Armen.
Herr, öffne meine Augen für das Elend der Armen.
Herr, sieh an meine Armut.

44

Jakob zog seines Weges. Da begegneten ihm Gottes-
engel. Als Jakob sie erblickte, sagte er: Das ist das
Heerlager Gottes! Genesis 32, 2–3

Ein rätselhafter Vers, wie eingesprengt in den Gang
der Erzählung. Der Bericht von äußerster Kargheit
der Darstellung. Gottesboten erscheinen, eine
große Schar. Kein Wort, keine Handlung der Boten.
Keine Ausdeutung. Vielleicht „wird man nur sagen
können, daß Jakob mit dem Näherkommen des verheißenen Landes auch dem Bereich Gottes wieder
näher kommt. Draußen in der Fremde bei Laban
entbehrte sein Leben solcher Erscheinungen fast
völlig" (G. von Rad).

Gibt es dies, daß in unserer Geschichte mit Gott die
Zeichen sich verdichten – zu einem „Heerlager der
Boten"?
Vielleicht gibt es Zonen unseres Lebens, in denen
die Verheißungen Gottes und seine Erwartung sehr
stark werden.
Vielleicht gibt es Stunden in unserer Geschichte, in
denen die Nähe Gottes fast sichtbar wird in den
Zeichen.

Jakob ruft: „Das ist das Heerlager Gottes!" Er spürt
die „Ausstrahlung" seiner Nähe. Die Verdichtung
seiner Verheißung und Erwartung. –
Wenn ich ein „Diagramm" meines Lebens zeichnen
würde und die „Daten" meiner Geschichte mit

Gott einzeichnete (so wie ich sie sehe) – würde es
eine Markierung geben solcher Art?
„Das ist das Heerlager Gottes" –
Ausruf aus Betroffenheit.
Aus Erschrecken.
Aus der Freude.
Aus der lobpreisenden Danksagung.

Das Gespür haben für die Zeichen Gottes.
Für die Verdichtung seiner Zeichen.
Für die Zonen seiner Nähe.
Die Einübung: Auf die kleinen Zeichen achten, die
er immerfort gibt!

Herr, gib mir den Sinn für deine Nähe!

Jakob blieb allein zurück. Da rang ein Mann mit **22**
ihm, bis die Morgenröte aufstieg.   <small>Genesis 32,25</small>

Im Dunkel der Nacht hatte Jakob seine Familie und
seine Herden über den Grenzfluß gebracht, der ihn
noch von der Begegnung mit seinem Bruder Esau
trennte: auf die Seite des feindlichen Bruders! Er
allein blieb noch zurück. Eine Nacht von letzter
Entscheidungstiefe. Die Entscheidung fällt nicht in
der Begegnung mit Esau, sie fällt in der Begegnung
mit diesem Anderen, der plötzlich unheimlich aus
der Nacht heraus ihn anfällt: Engel Gottes, Kraft
Gottes – Gott selbst!

Rätselhafter Bericht, wie eine dunkle Sage.
Aber darin eine tiefe Erfahrung des Glaubenden:
Es gibt den Kampf mit Gott: in der Nacht!
Es gibt die Fremdheit Gottes, das Dunkle.
Wie Überfall.
Schreckliche Fremdheit Gottes,
die dem Glaubenden auf den Leib rückt –
wie hier dem Einsamen am nächtlichen Flußufer.
Ist das noch Gott? Ist das eine dunkle Macht –
ohne Namen, die da gegen mich steht?

„Des Vaters Antlitz hat sich ganz verdunkelt; es ist
die schreckliche Maske des Zerschmeißenden, des
Keltertreters ... der Ort vor dem Unüberwindlichen
in der unüberwindlichen Nacht" (Reinhold Schneider, Winter in Wien, Freiburg i. Br. 1958).

47

Es kann ein sehr weiter Weg sein, bis solche Erfahrung sich so wandelt – wenn es gewährt wird! –, wie Mechthild von Magdeburg es aussagt:
„Nun vollzieht sich an mir die Herrlichkeit Gottes. Jetzt verfährt Gott wunderbar mit mir: seine *Entfremdung* ist mir lieber als er selbst: Gott ist stets größer und wunderbarer auf mich gefallen!"

Es gibt ein Beten,
das ist wie ein Ringen mit Gott!
Ein Sich-Durchkämpfen zum „Kontakt" mit Gott.
Dem dunklen Geheimnis.
Dem Schweigenden.

Eine andere Nacht, ein anderes einsames Ringen:
„Und er begann zu zittern und zu zagen … Und als er in Todesangst geriet, betete er immer inständiger. Und sein Schweiß wurde wie Blutstropfen, die auf die Erde fielen."
„Gott, mein Gott,
warum hast du mich verlassen?"
Er hat solche Nacht gekannt. Solches Beten.
Und er hat es bestanden bis zum letzten:
„Vater, in deine Hände mein Leben!"

O Gott, laß mich mit Christus
der Dunkelheit standhalten.

Der Unbekannte sagte: Laß mich los, denn die **23**
Morgenröte ist aufgestiegen! Jakob aber entgeg-
nete: Ich lasse dich nicht, es sei denn, du segnest
mich! Genesis 32,27

So Gott standhalten:
„Ich lasse dich nicht, bis du mich gesegnet hast!"
Nicht in Pathos. Nicht in falscher Frömmigkeit.
Kein Wort für „gute" Tage!
Sondern:
Wenn die Dunkelheit mich überfällt.
Wenn Gott zum Rätsel geworden ist.
Wenn die Sorge, die Angst, der Zweifel,
die Traurigkeit das Herz zusammenpressen.
Wenn der Glaube schmal zu werden droht.
„Ich lasse dich nicht!":
Es *gegen* Gott sagen.
Es in die dunkle Wolke hinein sagen.
Vielleicht ist diese „Provokation" Gottes die letzte
Möglichkeit, sich im verlöschenden Glauben retten
zu lassen, im Untergang.

Kein Wort für „gute" Tage?
Vielleicht: wenn ich es in guten Tagen „einübe":
daß mir die Bewährung gelingt am „schlechten"
Tag.

Ich lasse dich nicht,
es sei denn, du segnest mich!

49

24 *Da segnete er ihn daselbst. Jakob nannte den Ort ‚Gottesgesicht‘, denn: ‚ich habe Gott von Angesicht zu Angesicht geschaut und habe mein Leben gerettet‘. Die Sonne ging vor ihm auf, als er an ‚Gottesgesicht‘ vorüber war. Er aber hinkte an seiner Hüfte.* Genesis 32, 31–32

Jakob geht gesegnet, aber hinkend
in das Morgenlicht hinein.
Was ist das?
Solche Nähe Gottes, solches letztes Sicheinlassen
mit Gott – hinterläßt es im Gesegneten auch eine
Art Verwundung? Gesegnet *und* gezeichnet?

„DER meine Seele übermannt,
der mich mit starkem Flügelschlag
hinausträgt in das helle Land,
die Seele hilflos übermannt,
bis sie ihm gleich dem vollen Tag
wie Beute unterm Herzen lag,
von Gott die Seele übermannt
wird schwerer mit dem gleichen Schlag.

Der mich in seine Fänge riß,
daß in mein ruheloses Herz
des Greifes Kralle sich verbiß,
der Vogel, der mich an sich riß,
nun muß er mit mir erdenwärts
gezogen von dem einen Schmerz,
daß er die Wunde ärger riß,
als ruhelos verhieß mein Herz.“ *Konrad Weiss*

50

„Die Sonne ging vor ihm auf, als er an ‚Gottesgesicht' vorüber war": Die Ostersonne sah den,
der „mit Gott und mit Menschen gekämpft hatte",
den Auferstandenen, den Gesegneten. Und seine
Wunden leuchteten.

*Gott, nicht verstehen will ich das Warum. Aber
schenke mir die Erleuchtung im Glauben, daß Segnung und Verwundung aus deiner Nähe kommen.
Du allein weißt, warum du mich nur so gebrau-
chen kannst.*

25 *Ich habe dein Angesicht gesehen, wie man das Angesicht Gottes sieht!*

Genesis 33, 10

Dieses Wort sagt Jakob zu seinem Bruder Esau in der ersten Begegnung nach der langen Zeit der Verfeindung. Noch weiß Jakob nicht, ob die Begegnung zur Versöhnung oder zur Vernichtung führen wird.

„Ich habe dein Angesicht gesehen, wie man das Angesicht Gottes sieht": Ich komme von der Begegnung mit Gott her, dem Schrecklichen, dem Segnenden.
Gott hat gegen mich gestanden, ich habe gegen Gott gestanden – und ich bin gesegnet worden!
Mein Leben ist errettet worden!
Ich komme aus der letzten Erfahrung von Gefahr und Errettung – nun kann ich dir begegnen, was immer auch geschieht.

Wer ein Gebet bestanden hat, wer eine Lebensnot bestanden hat, wie Jakob den nächtlichen Kampf bestanden hat, der weiß: ich kann vertrauen.
Ich habe Gott ins Angesicht geschaut – wenn auch in der Dunkelheit der Nacht. Nun kann ich dir – Versöhnung oder Feindschaft – ins Angesicht schauen.
Wer so von Gott kommt, wie Jakob von Gott herkommt, der weiß sich gehalten.
„Ich habe dein Angesicht gesehen, wie man das Angesicht Gottes sieht."

Können wir einen Schritt weiter gehen?:
Das Antlitz des anderen – Bruder oder Feind – an-
schauen: und in ihm die Züge *des* Unbekannten su-
chen: die Spuren Gottes!
„Und Gott schuf den Menschen als sein Abbild, als
Abbild Gottes schuf er ihn" (Gen 1, 27).
„Ich sehe dein Angesicht, wie man das Angesicht
Gottes sieht!"

Herr, erleuchte unser Angesicht!

Was ist das, dieser „Gottesschrecken", von dem die alten Überlieferungen der Bibel mehrfach berichten? Ein Schrecken, der von Gott her den Menschen befällt?

Fremd ist uns diese altertümliche Vorstellung. Aber gibt es das nicht, daß Menschen zusammenfahren unter einem Zeichen, das sie getroffen hat? Eine „unheimliche Lähmung oder Panik" (G. von Rad), die über die Menschen fällt? Wird dieser „Gottesschrecken" nicht oft in unserem Bewußtsein ganz ausgespart?

Ein Beispiel (freilich auf der Ebene des Persönlich-einzelnen; aber in nichts erfunden): Ein Priester, im mittleren Lebensalter, hat es dahin gebracht, rundum im „Wohlbesitz" zu sein. Nicht nur, daß er auf Grund vieler Tüchtigkeiten ein recht guter Verdiener ist, sondern: er hat mit seinen Fähigkeiten ein Ansehen aufgebaut, das ihn hochträgt – und ihn vergessen läßt die tiefe Unwahrhaftigkeit seines Lebens: als ein Bote des Evangeliums so oder so *für sich* Reichtümer anzusammeln.

Eines Tages hört er in einem Gespräch, wie ein junger Mann von seiner Liebe zur Bibel spricht. Er lese jeden Tag darin, sie sage ihm jeden Tag aufs neue, was Gott von ihm erwarte. Am darauffolgenden Sonntagnachmittag sitzt der Priester an seinem Schreibtisch und erinnert sich dieses Gesprächs. Er weiß nicht, wann er zuletzt einmal für sich das Wort der Bibel gehört hat, soviel er auch als „Verkündiger" damit zu tun hat. Da kommt in ihm der Gedanke auf: Schlag doch einmal die Bibel auf, mach's einmal wie diese Bibelfrommen, die sich ein Bibelwort für den Tag „auslosen" ... Zuerst ist der Gedanke noch fast wie ein Spiel, noch an der Oberfläche. Aber dann fängt er an, dieses Vorhaben ernst zu nehmen. Er betet eine geraume Zeit, er bittet Gott, ihm *das* Wort zu sagen, das Er ihm *jetzt* sagen will ... Er verspricht Gott, das Wort anzunehmen und es zu tun, wenn darin ein Auftrag liegen sollte ...

Er öffnet das Buch, er legt mit geschlossenen Augen seinen Finger auf eine Seite – und er sieht, es ist das Buch Jeremia, und er liest den Vers, den sein Finger berührt: „Wie ein Rebhuhn das ausbrütet, was es nicht gelegt hat, so ist der, der sich Reichtum erwirbt, im Unrecht: in der Mitte seiner Tage muß er ihn lassen, und am Ende steht er als Tor da" (17, 11). Das Wort trifft ihn wie ein Blitz. Und dieser Blitz deckt in diesem Augenblick *seinen* Abgrund auf. Er ist getroffen vom *Gottesschrecken*.

Herr, laß mich erkennen,
daß dein Schrecken dein Erbarmen ist.

27 *Als er auf dem Felde umherirrte, traf ihn ein Mann. Dieser fragte ihn: Was suchst du? Er sprach: Ich suche meine Brüder.* Genesis 37, 15–16

Das ist in der Geschichte Josefs. Sein Vater Jakob hat ihn, den Lieblingssohn, zu den anderen Söhnen geschickt, die in der Gegend von Sichem die Herden hüteten.

Das Wort ist nichts als ein beiläufiges Erzählwort, sicher ohne geistlichen Sinn gedacht. Aber beim Lesen ist doch ein Innehalten: „Was suchst du?" – „Ich suche meine Brüder."

Die Frage: „Was suchst du?" –

Hier ist eine Antwort gegeben:

„Ich suche meine Brüder."

Eine Gedankenverbindung stellt sich ein: Das erste Wort Christi im Johannesevangelium heißt: „Was sucht ihr?" (Joh 1,38.)

„Sie antworteten: Rabbi, wo wohnst du?"

Auch hier ist eine Antwort gegeben.

Ein Innehalten: Was suche ich? –

Der Mann fragt: „Was suchst du?" Josef antwortete: „Ich suche meine Brüder. Sage mir doch, wo sie hüten."

Ganz am Anfang der Bibel fragt Gott den Menschen: „Wo ist dein Bruder?"

Der Mensch antwortete: „Ich weiß es nicht. Bin ich der Hüter meines Bruders?"

Herr, zeige mir den Weg zum Du.

Israel aber streckte seine Rechte aus und legte sie **28**
auf das Haupt Ephraims, obgleich er der Jüngere
war, und seine Linke auf das Haupt Manasses, in-
dem er seine Hände kreuzweise legte, obwohl Ma-
nasse der Erstgeborene war. Genesis 48,14

Jakob (= Israel) ist dem Sterben nahe. Da bringt Josef seine beiden Söhne, Manasse und Ephraim, zu ihm, damit er sie segne. Wir können nicht mehr ermessen, was ein solcher Segen den Alten bedeutet hat – es war Gott selbst, der durch den Menschen segnete! Josef führt die beiden Söhne so zu dem fast erblindeten Jakob, daß seine Rechte sich segnend auf Manasse, den Erstgeborenen, legen müßte. Aber Jakob kreuzt die Hände, so daß die Rechte Ephraims Haupt segnend berührt. Als Josef erschrocken den Vater auf den vermeintlichen Irrtum aufmerksam machen will – denn im Orient hat selbstverständlich der Erstgeborene Anrecht auf den Erstlingssegen! –: „Nicht so, mein Vater, dieser da ist der Erstgeborene!", antwortet Jakob: „Ich weiß, mein Sohn, ich weiß" –, und er bleibt dabei, den Jüngeren zu segnen.

Jakob sagt: „Ich weiß, mein Sohn, ich weiß" –
was weiß er?
Er weiß: Es gibt keinen Rechtsanspruch
auf den Segen Gottes!
Er weiß: Die Segnung Gottes
sucht sich ihren eigenen Weg!

57

Hier ist ein erstes Aufleuchten
der Glaubenserfahrung: Die Segnung Gottes
neigt sich lieber dem Geringeren zu.
Hier ist ein erstes Ansagen des Wortes,
das Jesus einmal sprechen wird:
„Letzte werden Erste sein!"

Gott, versage mir deinen Segen nicht.

*... der Gott, der mein Hirte war mein Leben lang
bis auf diesen Tag.*   Genesis 48, 15

Dieses Wort steht in dem großen Segen, den Jakob
auf dem Sterbelager über seinen Sohn Josef und über
seine Enkel spricht.

Ein Mann, der selber ein Hirte war, sagt dies von
seinem Gott.
Für ihn ist es kein entlegenes Bild, es kommt aus
unmittelbarer Erfahrungswelt.
Welch ein Bekenntnis des Glaubens
am Abend des Lebens!

Was kann ich von Gott sagen,
von meinem Leben her?
In einer Gruppe von jungen Christen wurde in Be-
sinnungstagen der Vorschlag gemacht: jeder möge
von *seinem* Gottesglauben her mit einem Bildwort
sagen: Gott ist für mich wie... Welches Bildwort
würde ich – in aller Wahrhaftigkeit – schreiben?
Was werde ich am Ende meines Lebens, zurückschauend, sagen können von Gott?
Ich will anfangen, im Glauben den „Hirtenpsalm"
zu beten, vielleicht zuerst mehr als Bitte. Ob er
nicht immer mehr in meinem Leben reifen kann
zum Bekenntnis?

Der Herr ist mein Hirte,
nichts wird mir fehlen.
Er läßt mich lagern auf grünen Auen,
zum Ruheplatz am Wasser führt er mich.
Er stillt mein Verlangen;
er leitet mich auf rechten Pfaden
in der Kraft seines Namens.
Muß ich auch wandern in finsterer Schlucht,
ich fürchte kein Unheil;
denn du bist bei mir,
dein Stab und dein Stock
geben mir Zuversicht.
Du deckst mir den Tisch
im Angesicht meiner Feinde.
Du salbst mein Haupt mit Öl,
du füllst mir reichlich den Becher.
Nur Güte und Huld werden mir folgen
mein Leben lang,
und wohnen darf ich im Hause des Herrn
für lange Zeit.   *Psalm 23*

An den Weinstock bindet er seinen Esel und an die **30**
Rebe das Füllen seiner Eselin. Er wäscht im Weine
sein Gewand, sein Kleid im Blut der Reben.

Genesis 49, 11

In dem großen Segen Jakobs über die zwölf Stämme
nimmt das Wort über den Stamm Juda einen beson-
deren Rang ein. Da wird gesprochen von einem
künftigen Herrscher aus diesem Stamm, der ,,an
den Weinstock bindet seinen Esel..." G. von Rad
sagt zu dem Vers 11: ,,Kein Judäer wird seinen Esel
an einen Rebstock binden; er würde ihn ja abfres-
sen. Wer so achtlos sein kann und wer sein Kleid im
Wein waschen kann, lebt in einem geradezu para-
diesischen Überfluß; und wahrscheinlich wollen
diese Aussagen in altertümlicher Poesie dies geradezu sagen: Derjenige, der da kommen wird, wird in
einer Zeit paradiesischer Fruchtbarkeit leben." Aus
dem Stamm Juda ging der König David hervor. Aus
Davids Geschlecht aber ging Jesus von Nazareth
hervor (,,dem Fleische nach aus dem Geschlechte
Davids stammend" Röm 1, 3).

Wir können diesen Vers nicht lesen, ohne an Jesus
zu denken. Geheimnisvolles Wort. Fülle des Weins
auf der Hochzeit: ,,Diesen Anfang der Wunder
machte Jesus zu Kana in Galiläa: So offenbarte er
seine Herrlichkeit" (Joh 2, 11).
Aber wie wandelt sich das Wort! Als ,,seine Stunde"
gekommen war, ritt er in seine Stadt ein auf einer
Eselin, dem Füllen eines Lasttieres. Es ist die Feier

der Bluthochzeit. Die Kelter der Passion wartet auf ihn, „er wäscht sein Gewand im Blut der Reben".

Der Jakobsspruch sagt: Wenn der Künftige kommt, wird paradiesische Fülle, Erfüllung sein. Er sagt es in alten prophetischen Bildern: Weinstock und Weinfülle. Geheimnisvoll reift dieser Spruch in seine Erfüllung in Jesus von Nazareth: „Ich bin gekommen, daß sie das Leben in Fülle haben!" (Joh 10, 10.) Aber er bringt die Fülle, weil er es zuläßt, daß sein Gewand in seinem Blut getränkt wird.
Aus dieser Kelter der Wein: „Trinket alle davon: das ist mein Blut; das ist der Kelch des neuen und ewigen Bundes, mein Blut, das für euch vergossen wird..."

„Gelobt seist du, Ewiger,
unser Gott, König der Welt,
der du die Frucht des Weinstocks erschaffen!"
Jüdisches Gebetswort

*Da erschien ihm der Engel Jahwes
inmitten einer Feuerflamme,
die aus einem Dornbusch aufloderte.* Exodus 3, 2

Bald wird an der Stimme, die aus dem brennenden
Dornbusch Mose anruft, erkennbar, daß „der Engel
Jahwes" ER selbst ist, die irdische Erscheinungs-
weise Jahwes.

Erste große Gottesoffenbarung!
Gott erscheint inmitten einer Feuerflamme!
Was ist das: Gott im Feuer?
Später wird es heißen: „Die Herrlichkeit des Herrn
aber war anzusehen wie ein verzehrendes Feuer auf
dem Gipfel des Berges" (Ex 24, 17). Und: „Denn der
Herr, dein Gott, ist ein verzehrendes Feuer, ein ei-
fersüchtiger Gott" (Dt 4, 24).
Gott im Feuer; Gott, verzehrendes Feuer – was ist
das für *meine* Gottesvorstellung, für meinen Gottesglauben?
Eine junge Ordensfrau stand vor der ewigen Profeß,
der endgültigen Übergabe in diesen Lebensstand.
Sie nahm diesen Schritt ganz ernst als den Versuch
radikaler Auslieferung an Gott.
Je näher der Tag kam, um so mehr stellte sich ein
unerklärliches Zurückschrecken ein. War da etwas
von der Erfahrung: Wer sich so mit Gott einläßt,
läßt sich ein mit dem „verzehrenden Feuer"?
Unnahbares, unbegreifliches Geheimnis!
Ahnung: Er will dich ganz!

Schmelzofen!

Kann man mit *diesem* Gott leben? „Wer kann denn weilen bei dem verzehrenden Feuer? Wer kann denn weilen bei den ewigen Gluten?" (Jes 31, 14.)

Als Jesus kam, *der* Bote dieses Gottes, *die* Erscheinung dieses Gottes – hat er dies Feuer abgedeckt? Ein Jesuswort, das außerhalb des Evangeliums überliefert ist, sagt: „Wer mir nahe ist, ist dem Feuer nahe!"

„Du brennender Gott", sagt Mechthild von Magdeburg. Aber sie fügt hinzu: „Du brennender Gott – in deiner Sehnsucht!"

Ist dies das Feuer?

Brand seiner Liebe?

Tiefster Grund der Welt:

„Du brennender Gott in deiner Sehnsucht!"

„Du brennender Gott in deiner Sehnsucht!
Ohne dich kann ich nicht mehr sein."

Mechthild von Magdeburg

Da rief Gott ihm mitten aus dem Dornbusch zu:
Mose! Mose! Der antwortete: Hier bin ich!

Exodus 3,4

Das steht am Anfang: Gott ruft den einzelnen beim Namen! Und der Mensch antwortet: Hier bin ich! Die Anfänge sind wichtig, aus ihnen geht das spätere hervor. Und hier steht am Anfang: Gott ruft diesen einen Menschen bei seinem Namen!

Das ist eine Botschaft des Judentums und des Christentums von Gott, die von grundlegender Bedeutung ist. Diese Botschaft wird immer deutlicher werden: „Ich rufe dich bei deinem Namen: Du bist mein!" (Jes 43, 1.) Bis hin zu dem Wort der Apokalypse, Wort der letzten personalen Intimität: „Ich werde ihm einen weißen Stein geben, und auf dem Stein ist ein neuer Name geschrieben, den niemand kennt als nur der, der ihn empfängt." (Apk 2, 17.)

Gott kennt meinen Namen.

Gott kennt mich.

Gott ruft mich bei meinem Namen.

Was ist das, wenn ein Liebender den Geliebten bei seinem Namen nennt!

Gott nennt mich bei meinem Namen. Mein Name, das bin ich, mein ganzes Wesen, meine ganze Geschichte. Ich, der ich anders bin als alle anderen. Ich will dies im Glauben immer mehr zulassen: Gott nennt mich bei meinem Namen!

Gott, *der* Liebende.

Herr, du kennst mich!
Du weißt von mir!

Psalm 139

33 *Da sprach er: Tritt nicht näher heran! Ziehe deine Schuhe von deinen Füßen, denn der Ort, auf dem du stehst, ist heiliger Boden.* Exodus 3, 5

Das ist das erste Wort, das von Gott aus dem brennenden Dornbusch kommt. Mose antwortet mit der Gebärde: „Da verhüllte Mose sein Angesicht; denn er fürchtete sich, Gott anzuschauen."
Uralte Weisung und Gebärde der Ehrfurcht
vor dem Heiligen!
Gilt sie noch für uns?
Ist nicht in Jesus für uns diese Schranke: „Tritt nicht näher!" gefallen? Haben wir nicht durch Jesus *freien Zugang* (Hebr) zu Gott, dem Vater? Und: „Wir alle spiegeln *mit aufgedecktem Angesicht* die Herrlichkeit des Herrn wider und werden in dasselbe Bild verwandelt von Herrlichkeit zu Herrlichkeit: wie es ja durch den Geist des Herrn geschieht" (2 Kor 3, 18). –
Und doch – die Weisung der Ehrfurcht bleibt.
Ehrfurcht vor dem unsagbaren Geheimnis.
Durch Jesus wissen wir,
daß es das Geheimnis der Liebe ist.
Wenn aber das unsagbare Geheimnis Gottes seine Liebe ist – „Gott ist Liebe" (1 Joh 4, 16) –, dann ist ein Schimmer seiner Gegenwart überall da gegenwärtig, wo etwas an wahrer Liebe geschieht: Da ist „heiliger Boden"!
Und da geziemt Ehrfurcht.
Und „Verhüllung".

Von diesem göttlichen Geheimnis, das Feuerflamme – brennender Dornbusch – der Liebe ist,
wird etwas erkennbar:
wenn Petrus vor Jesus niederfällt, der in schenken-
der Güte die Netze zum reichen Fischfang gefüllt
hat: „Herr, geh weg von mir, ich bin ein sündiger
Mensch" (Lk 5, 8);
wenn Petrus nach der Verleugnung den Blick des
Herrn erfährt: „Da wandte sich der Herr um und
schaute den Petrus an... und er ging hinaus und
weinte bitterlich" (Lk 22, 61–62);
wenn Thomas vor dem Auferstandenen niederfällt:
„Mein Herr und mein Gott" (Joh 20, 28). –

„Der Ort, auf dem du stehst,
ist heiliger Boden."
Ist da, wo ich stehe, heiliger Boden?
Es ist an mir, daß es so ist!
Es ist *mir* gegeben,
den Ort, wo ich stehe,
zum heiligen Land werden zu lassen!
Es ist mein Auftrag,
diesen „heiligen Boden",
dieses heilige Land zu vermehren!
Denn: Wo etwas in wahrer Liebe geschieht,
da ist heiliges Land!

Herr, entzünde in mir deine Liebe.

34 *Gesehen habe ich, gesehen*
das Elend meines Volkes.
Ich habe sein Wehklagen gehört.
Ja, ich weiß um seine Leiden.   Exodus 3, 7

Ein Gedicht unserer Tage („Psalm" von I. Bach-
mann) endet mit der Zeile: „Unbegangen sind die
Wege auf der Steilwand des Himmels." In allen
Zeiten hat es Menschen gegeben, die unter der
Glaubens- oder Unglaubenslast dieser Erfahrung
standen. Und vielleicht muß es im Leben eines jeden Menschen einmal eine Stunde geben, wo ein
solches Wort die wahrhaftige Aussage seiner Glau-
bensexistenz ist. Oder – ist es vielleicht eine äu-
ßerste Gnade, auf dem Weg des Glaubens an jene
„grifflose Wand" geführt zu werden, von der man
zurückgeworfen wird in die Ebene der eigenen aus-
weglosen Existenz?

Die Frage, die auf den Lippen Ijobs im Elend nicht
verstummen will, heißt: „Warum hüllst dein Antlitz .du?" (13,24; Übersetzung der Texte aus Ijob
nach F. Stier.) Und dann läßt er das Fragen und fällt
vor diesem Schrecklichen auf sich selbst zurück:

„Ich glaube nicht, daß meiner Stimme er lauscht.
Er, der mich im Sturmbraus schnappt,
grundlos meine Wunden mehrt,
mich nimmer Atem holen läßt" (9, 16).

Ach, er hört nicht auf meine Stimme –
sieht er mich?

„Urnacht ist auf meinen Wimpern" (16, 16).

Das Buch Exodus berichtet von der Nacht Ägyptens. Und in diese Nacht hinein spricht ER, sich offenbarend im brennenden Dornbusch:

„Gesehen habe ich, gesehen
das Elend meines Volkes.
Ich habe sein Wehklagen gehört.
Ja, ich weiß um seine Leiden."

Dieses Wort steht nicht an einer beliebigen Stelle des Alten Testamentes. Es leitet die sehr große Offenbarung Gottes ein, in der er seinen Namen dem Menschen kundgibt: Ich bin da bei euch! Es leitet den Weg der Kenosis, der Entäußerung Gottes ein. Es leitet jenes Mysterium ein, in welchem alle Heilsgeschichte sich sammelt: das Paschamysterium, das beginnt in der Nacht des Auszugs aus Ägypten, das in Passion und Auferstehung des Herrn seine Erfüllung findet, das im Kommen des Herrn und in der endgültigen Sammlung des Gottesvolkes am Ende der Zeit in seine bleibende Vollendung gelangt. Dieses „Gesehen habe ich, gesehen" wird in Jesus Christus anschaubar. In seinem Weg und in seinem Werk geschieht es: „Als er die Volksscharen sah, erfaßte ihn Erbarmen mit ihnen, denn sie waren geplagt und verkommen wie Schafe, die keinen Hirten haben" (Mt 9, 36). Und was seine Gleichnisrede vom Vater sagt: „Als er – der Mensch im Elend – noch fern war, sah ihn der Vater": in ihm geschieht es; und was seine andere

Gleichnisrede vom Barmherzigen Samaritan sagt: „Er sah ihn – den Menschen im Elend – und ward von Erbarmen bewegt": in ihm geschieht es. Es ist eine einzige Linie, die von hier zurückführt auf das Sehen Gottes am Anfang. –

„Gesehen habe ich, gesehen das Elend meines Volkes": Ist nun für den Glaubenden das Elend aus der Welt? Es trifft ihn wie den Ungläubigen mit der gleichen Härte und Qual und Rätselhaftigkeit. Aber als Ijob, der in der Qual seines Lebens den Glauben in der innersten Kammer seines Herzens dennoch bewahrte, auf einen äußersten Punkt des Rechtens mit Gott gekommen ist, da schlägt er sich mit seiner Hand auf den Mund:

„Siehe, ich erliege. Was antworte ich dir?
Die Hand ich mir leg auf den Mund!" (40, 4.)

Etwas in seinem Herzen läßt den Glaubenden *angesichts des Kreuzes, wo das Ansehen Gottes ist*, tun, wie Ijob tat, der sich die Hand auf den Mund legt.

Ijob schreit in der Finsternis seiner Blindheit, in der kein Ansehen mehr ist:

„Wo ist mein Schöpfer – Gott,
der Lobgesänge schenkt zur Nacht?" (35, 10.)

Welcher Christ kann diesen Schrei Ijobs hören, ohne an jenen „Lobgesang zur Nacht" zu denken: „Haec nox est ..." –, „Dies ist die Nacht, da du einstens unsere Väter herausführtest aus Ägypten ...

70

Dies ist die Nacht, von der geschrieben steht: Die Nacht wird hell wie der Tag. O du wahrhaft selige Nacht!" (Exsultet der Osternacht.)

Aber zwischen dem Schrei Ijobs und dem Lobgesang der Paschanacht steht das Sehen Gottes: „Gesehen habe ich, gesehen das Elend meines Volkes." Jesaja sagt (63,9): „Er ward ihnen zum Retter in all ihrem Elend; kein Bote, kein Engel – sein Antlitz rettete sie."

Herr, sieh unser Elend an!

35 *Gott sagte zu Mose: Ich bin der ‚Ich-bin-da'. So sollst du zu den Israeliten sagen: Der ‚Ich-bin-da' hat mich zu euch gesandt.* Exodus 3, 14

Das ist die große Namensoffenbarung Gottes. Hier sagt Gott, was er ist, was er tut. Nicht ein Gott, der „das Sein" ist, ein „Gott an sich", nicht ein Gott über den Sternen, sondern: Ich bin da bei euch! Zu euch hin! Mit euch! Auf dem Weg eurer Geschichte. Euer Gott, der mit euch wandert, der je in der Stunde eurer Geschichte sich als euer Gott erweisen wird. Der Gott des Bundes mit euch. Der Gott, der sich euch zuwendet: der lebendige Gott, der Gott eures Lebens!

Diese „gebündeltste und dichteste Selbstoffenbarung Gottes im Namen Jahwe bleibt die zentrale Botschaft aller Verkündigung. Sie ist das ‚Ur-Evangelium'" (A. Deissler).

Dieser Name Gottes „Ich bin da bei euch" ist in Jesus Mensch geworden. In ihm ist Jahwe wirklich „da", zu uns hin, mit uns, zu mir hin, mit mir! In Jesus kann ich nicht nur erkennen, wie Gott ist, sondern in Jesus Christus ist Gott mit mir, bei mir: *der* rettende Weggefährte!

Wenn ich *das* glauben kann – wie öffnet sich da mein Weg!

Wie öffnet sich da der Weg des wandernden Volkes!

Aber – sinkt dieser Name Gottes nicht immer wieder ins Schweigen zurück? In Todesschweigen?

Verdunkelt sich das Antlitz, das in diesem Namen sich offenbart, nicht immer wieder ins Namenlose, ins Leere, ja in die „Maske des Zerschmeißers" (Reinhold Schneider)? „Du bist ein Gott, der sich verbirgt!", ruft der Prophet klagend aus (Jes 45, 15).

Und doch ist auch das Glaube, wenn ein ratlos Gewordener fragt: Warum bist du nicht da?

Wie kann ich in den Glauben an diesen Namen Gottes „Ich bin da bei euch" hineinwachsen?
Vielleicht fange ich an, immer wieder an den Stationen meines Lebens mich dieses Namens zu erinnern: „Ich bin da bei euch!" Ihn zu bitten: Komm! Den zu bitten, in dem dieser Name menschlich geworden ist, uns nahe gekommen ist: Bleibe! Bleibe bei uns! Bleibe bei mir! – so wie es die Emmausjünger taten.
Mein Glaube muß den Zuspruch dieses Namens immer wieder hören im Wort der Schrift: sie entfaltet diesen Namen auf jeder ihrer Seiten!
Mein Glaube muß getragen werden vom Glauben der Gefährten auf dem Weg, wir müssen es uns einander zusprechen: Gott ist da! Unser Gott!
Noch einmal: Wie wachse ich hinein in den Glauben an diesen Gottesnamen „Ich bin da!"? Vielleicht kann ich anfangen, *etwas* von dem zu tun, was das Evangelium sagt, was Jesus sagt, was Jesus getan hat – „Lebe das, was du vom Evangelium begriffen hast, und sei es noch so wenig" (Roger Schutz) –: vielleicht entsteht in solchem Tun ein

Keim des Glaubens, eine geheime Verwandtschaft
mit ihm...
Charles de Foucauld ruft einmal aus: „Wie werde
ich daran froh, daß Gott Gott ist!" – Ja, wie werde
ich daran froh, daß unser Gott diesen Namen hat:
„Ich bin da bei euch!"

Du bist in unserer Mitte, Herr,
und dein Name ist über uns ausgerufen!
Verlaß uns nicht!   *Jeremia 14, 9*

Nun sprach Jahwe zu Mose: Strecke deine Hand
gegen den Himmel aus, und es wird eine Finsternis
über das ganze Land kommen, daß man die Fin-
sternis wird greifen können. Da streckte Mose
seine Hand gegen den Himmel aus, und es entstand
in ganz Ägypten eine dichte Finsternis drei Tage
lang. Keiner konnte den anderen sehen und nie-
mand sich von seinem Platz rühren drei Tage lang.
Die Israeliten aber hatten hellen Tag in ihren
Wohnungen. Exodus 10, 21–23

Die Plagen kommen über Ägypten, weil Pharao die
Israeliten nicht ziehen läßt. Die Finsternis ist
schrecklicher, als was voraufgegangen ist: Seuchen,
Geschwüre, Hagel, Heuschrecken ... Die Finsternis
ist so dicht, daß man sie greifen kann. Alles ist wie
gelähmt in der Angst vor dem Unheimlichen. „Die
Israeliten aber hatten hellen Tag in ihren Wohnungen."

Alles ist von tiefer Bedeutung.
„Keiner konnte den anderen sehen" –
das ist die Finsternis:
die Isolierung eines jeden;
kein Antlitz mehr zum Anschauen, kein Du ...
Kein Weg, kein Sinn ...
Die Lähmung in der Angst,
in der tiefen Depression.
„Die Israeliten aber hatten hellen Tag
in ihren Wohnungen."

Befreiung zeigt sich an.
Erwählung.

Christus spricht: „Wer in der Finsternis wandelt, weiß nicht, wohin er geht. Solange ihr das Licht habt, glaubt an das Licht... Ich bin als das Licht in die Welt gekommen, damit jeder, der an mich glaubt, nicht in der Finsternis bleibe" (Joh 12).
„Die Israeliten aber hatten hellen Tag in ihren Wohnungen": Paulus sagt: „Er hat uns errettet aus der Gewalt der Finsternis" (Kol 1, 13).
„Ihr, liebe Brüder, seid nicht im Finstern. Ihr seid alle Söhne des Lichts und Söhne des Tages! Wir gehören weder der Nacht noch der Finsternis an" (1 Thess 5, 4–5).

Erwählung ist da!
Aber auch Auftrag!
Lähmende Finsternis steigt auf
in der Welt, in der wir leben.
Finsternis steigt auf
in mir selber – immer wieder.
Was kann ich tun,
daß die Finsternis nicht nach mir greift?
Was kann ich tun,
im Lichte zu bleiben?
Was kann ich tun,
daß das Licht sich ausbreiten kann?

Das Neue Testament gibt
eine Antwort von lapidarer Kürze:

„Wer seinen Bruder haßt,
der ist in der Finsternis.
Wer seinen Bruder liebt,
bleibt im Licht" (1 Joh 2, 9–10).

Die Danksagung aufkommen lassen zu dem hin,
der uns „aus der Finsternis berufen hat in sein wun-
derbares Licht" (1 Petr 2, 9).

Lumen Christi! – Christus, das Licht!
Deo gratias! – Dank sei Gott!

37 *Auf folgende Weise sollt ihr das Lamm verzehren: eure Hüften gegürtet, Schuhe an den Füßen, den Stab in der Hand. Ihr sollt es in Eile essen! Es ist Vorübergang des Herrn!* Exodus 12,11

In ihrem Buch „Die großen Freundschaften" erzählt Raïssa Maritain von ihrer Jugend in ihrem jüdischen Elternhaus im Rußland der Zarenzeit. Ihre Kindheitserinnerungen wissen von den damals immer wieder aufflackernden Verfolgungen, bei denen Horden die jüdischen Häuser brandschatzten.

Aber mitten in diesen schrecklichen Erinnerungen steht für sie eine andere Erinnerung: die jährliche Feier des jüdischen Passahfestes, zu dem der obengenannte Vers aus dem Buch Exodus gehört. Sie erzählt davon: „Das eindrucksvollste Fest aber war Ostern. Am Vorabend fand zur Vesperzeit die liturgische Mahlzeit statt. Die Tafel wurde aufs festlichste mit den schönsten Gedecken hergerichtet. Silberne Leuchter warfen ihr Licht auf ein blütenweißes Tischtuch. Vom höchsten, durch Kissen noch überhöhten Sitz aus präsidierte mein Großvater dem Mahl. Die Nacht brach herein; man kostete die bitteren Kräuter; die Gebete begannen. Ich war ganz vom Geheimnis dieses Osterfestes durchdrungen und mußte auf hebräisch die Fragen stellen, die mein Großvater mit der Erzählung der biblischen Geschichte und der Erklärung der Riten der Osternacht beantwortete. Es war eine lange, ebenfalls hebräisch gehaltene Rede, deren Sinn man uns jedoch vorher auseinandergesetzt hatte...

Alle Herzen waren aufgewühlt von der Größe der göttlichen Verheißungen und Huldbezeugungen, von der erschütternden Geschichte so vieler Jahrhunderte des Leidens, die dennoch nicht vermocht hatten, die Hoffnung auszulöschen. Dunkel empfand ich die ungeheure Tiefe schmerzerfüllter Mysterien, ohne natürlich ihren Gehalt und ihre eigentliche Bedeutung schon klar zu erfassen. Dann kam der Höhepunkt dieser heiligen Nacht: der Besuch des Engels. Man füllte alle Gläser mit einem süßen und starken Rotwein. Vom größten mit diesem herrlichen Wein gefüllten Pokal sollte Gottes Engel kosten, der in jener Nacht in den Häusern der Juden Einkehr hielt. Man löschte alle Lichter, und in der von Anbetung und Ehrfurcht schweren Stille wartete man, bis der Engel dagewesen war. Dann zündete man die Leuchter wieder an und beendete schnell das Mahl." –

Der Bericht im Buche Exodus über die Nacht des Passahmahles hat etwas Unheimliches. In feierlicher Umständlichkeit wird von der Anordnung des nächtlichen Mahles gesprochen. Um dieses Lamm, das schon vier Tage vor dem Mahl ausgesucht werden soll, ist ein Geheimnis. Die Götter Ägyptens stürzen von ihren Altären, und während die Mächte der Finsternis aus ihren Verliesen auszubrechen scheinen, richtet der Herr das Zeichen der Rettung auf für alle, die glauben.

Alles dies ist geschehen auf Christus hin. Der Tag

des Passahlammes ist der Tag des Sterbens Jesu. Wie damals das Passahmahl, so steht das Mahl Jesu im geheimnisvollen Drängen des Aufbruchs: „Was du tun willst, das tue bald" (Joh 13, 27). „Steht auf, laßt uns aufbrechen"(Joh 14, 31). Die Nacht von Ägypten mit ihrer unheimlichen Stille und Finsternis ist wie ein Vorzeichen jener Verräternacht, die draußen lagert, als er das Mahl mit den Seinen hielt, ist wie ein Vorzeichen der Finsternis, die den Tod des Passahlammes auf Golgotha einhüllte. „Jetzt ergeht das Gericht über diese Welt, jetzt wird der Fürst dieser Welt hinausgeworfen werden" (Joh 12, 31).

Das Lamm und sein Blut haben „uns entrissen der Nacht der Finsternis" (Kol 1, 13). Wir sind frei geworden „kraft des Blutes des Lammes" (Apk 12, 11). Gott sagt zu Mose von der Passahfeier Ägyptens: „Ein Gedenktag soll euch dieser Tag sein" (Ex 12, 14). „Tut dies zu meinem Gedenken", sagt Jesus von seinem Passahmahl.

Paulus sagt vom Passahmahl der Christen: „Sooft ihr dieses Brot esset und diesen Kelch trinket, sollt ihr den Tod des Herrn verkünden, bis er kommt" (1 Kor 11, 26). Mit diesem Wort tut sich für uns eine Tür auf. Das Mahl der Juden war ein Mahl des Aufbruchs und der Hoffnung: Aufbruch zum Gelobten Land. Und so spricht auch Christus bei seinem Mahl: „Ich werde fortan nicht mehr vom Gewächse des Weinstocks trinken, bis daß das Reich Gottes gekommen ist" (Lk 22, 18). Der Weg beginnt beim Passahlamm der Juden. Er endet an dem Tage, „da er kommt"! Da ist der Weg zu seinem Ziel gekom-

men, bei jenem Lamm, das da ist „wie geschlach-
tet" (Apk 5, 6), vor dem die Heiligen „singen das
Lied des *Mose* und das Lied des *Lammes"* (Apk
15, 3).
Der hl. Chrysostomus sagt: „Keiner von denen,
welche dieses Passahlamm essen, blicke zurück,
sondern nach vorne zum himmlischen Jerusalem!
Deshalb mußt du umgürtet, deshalb beschuht essen, damit du lernest, daß es so sein muß: sobald du
dieses Passahlamm zu essen beginnst, *dich auf den
Weg zu machen.*"

Lamm Gottes,
du nimmst hinweg die Sünde der Welt:
Erbarme dich unser!

38 *Es war eine Nacht der Wache für Jahwe,*
als er sie aus Ägypten herausführte. Exodus 12,42

Ein Psalm sagt: „Der dich behütet, schläft nicht.
Nein, der Hüter Israels schläft und schlummert
nicht" (Ps 121). Hier wird von der Passahnacht, der
Nacht der Erlösung, gesagt: „Es war eine Nacht der
Wache für Jahwe."
Die Nacht der Befreiung aus Ägypten bleibt für Israel die große Erfahrung des Glaubens: Gott wacht
über uns! Gott rettet! Diese Nacht erfüllt sich für
uns in der Osternacht. Das „Exsultet" der Osternacht singt: „Dies ist die Nacht, in der du einst unsere Väter aus Ägypten geführt hast ... O vere beata
nox – O wahrhaft selige Nacht!"
„Eine Nacht der Wache für Jahwe":
Wie eine Mutter wacht
in der Krisisnacht ihres kranken Kindes.

In diesem Bild spricht sich
die Erfahrung des Glaubens aus:
Gott ist da!
Es gibt Lebensstunden,
in denen es sich verdichtet:
Gott weiß um mich!
Gott ist nicht jenseits der Sterne –
er ist nahe!
„Eine Nacht der Wache für Jahwe":
ein Wort zum Meditieren!
Zum Schweigen kommen, Stillwerden,

und im Glauben dasein,
offen werden für diese gute Wirklichkeit:
Gott ist da zu mir hin: der gütige Gott!
Gottes Antlitz ist mir zugewandt:
die Güte! Jahwes Wache!
Dasein im Vertrauen.

Gott, dein Wachen über meinem Leben!

Es ist gut, sich diesem Wort auszusetzen.
Gütiges Gotteswort:
Er will der Heilende sein!
Ich will das Wort hören
auf mein Leben hin,
das nicht heil ist.
Ich will das Wort hören
auf die Kirche hin,
die nicht heil ist.

Jesus sagt:
„Nicht die Gesunden bedürfen des Arztes,
sondern die Kranken" (Mt 9,12).
Auf einem Bild von Rembrandt (dem sog. Hundert-
guldenblatt) steht in der Mitte groß und gütig Jesus
als Arzt: Aller Jammer der Welt wird in den Kranken zu ihm gebracht.
„Wenn du auf die Stimme Jahwes, deines Gottes,
hörst und tust, was recht ist in seinen Augen – will
ich, Jahwe, dein Arzt sein."

Viel Kranksein, Unheilsein ist da,
weil wir nicht auf den Anruf hören,
der in der Tiefe unseres Lebens da ist:
der Anruf unseres Wesens!
Weil unser Leben keine Wurzeln hat,
die in jene Tiefe reichen,
wo der göttliche Grund in uns ist,

der Wesensgrund,
in dem Gott in uns anwesend sein will
und durchkommen will durch unser Leben.
Die Welt ist nicht heil.
Ich bin nicht heil.
In Jesus, dem Gekreuzigten und Auferstandenen,
dem Heiland, ist es verbürgt:
„Ich, Jahwe, will dein Arzt sein."

Herr, du bist unser Heil!

40 *Heute abend sollt ihr erfahren, daß Jahwe es ist,
der euch aus Ägypten herausgeführt hat. Und morgen früh werdet ihr die Herrlichkeit Jahwes
schauen.* Exodus 16, 6–7

Das ist ein Wort auf der Wüstenwanderung des
Volkes.

Erfahrung Gottes in der Dämmerung des Abends.
Ahnung seiner Nähe, verhüllt wie in Abenddäm-
merung. Aber Erfahrung: Er ist da! Dann kommt
wieder die Nacht; Dunkelheit des Glaubens.

Aber diese Erfahrung kann die Verheißung des Mor-
gens in sich tragen; sie ist soviel Licht, daß sie auf
das Licht hinweist. „Und morgen früh werdet ihr
die Herrlichkeit Jahwes schauen."

Wir deuten dieses Wort vom Ostermorgen her. „Der
euch aus Ägypten herausgeführt hat": Erfahrung
von Befreiung.

Es ist gut, wahrzunehmen, wo Befreiung in der Kraft
des Evangeliums erfahren werden kann. Befreiung
ist da:

Wo ein Mensch sagen kann:
es hat doch Sinn!

Wo ein Mensch „gegen alle Hoffnung" weiß:
es wird doch gut werden!

Wo ein Mensch sich annehmen kann,
weil er erfährt:
ein anderer nimmt mich an!

Wo ein Mensch barmherzig ist,
weil er glauben kann:

Gott ist meine Barmherzigkeit!
Wo ein Mensch loslassen kann,
weil er weiß:
ein anderer hält mich!
Wo ein Mensch gütig ist,
ohne Lohn zu wollen,
weil er weiß:
in Jesus ist mir *die* Güte begegnet!
Wo ein Mensch auflebt,
weil er glauben kann:
Gott wartet auf mich!
Wo ein Mensch im Glauben erfährt:
ich bin geliebt!
Erfahrung von Befreiung noch erst in Abenddäm-
merung. Aber Morgen wird kommen: „Und morgen
früh werdet ihr die Herrlichkeit Jahwes schauen!"

Herr, öffne unsere Augen:
zu sehen, daß du uns befreist!

41 *Solange Mose seine Hände erhoben hielt, war Is-*
rael stärker; wenn er aber die Hände sinken ließ,
war Amalek stärker.   Exodus 17,11

Es geht um einen Kampf Israels mit dem Noma-
denstamm Amalek in der Wüste. Während des
Kampfes, den Josua leitet, steht Mose auf einem
Hügel mit erhobenen Händen. –

Gebärde des Betens.
Die offenen Hände
zum Empfang der göttlichen Kraft.
Verbundenheit mit dem Oben.
Ringsum der wogende Kampf.
Das Feld von Konflikten, Bedrohungen.
In der Mitte: Ort der Stille, des Vertrauens.
Zustrom göttlicher Kraft.
Ausstrahlung dieser Kraft.

In dem alten Bericht wird gesagt, daß Mose zunächst aufrecht stand, dann sich auf einen Stein
setzte. Die Hände wie zu einer Schale erhoben. Er
ruhend auf der Erde, die trägt. –
Es ist gut für uns, dieses Bild zu verstehen: für unser
eigenes Leben!
Es muß Stätten geben, Stätten der Kontemplation,
wo die Wahrheit dieses Bildes gelebt wird. Es gibt
Berufungen zu diesem Mose-Dienst. Der Kampf
kann nicht zur Ruhe kommen, wenn nicht in der
Mitte dieser Mose-Dienst durchgehalten wird.

Von Mose geht unser Blick auf den hin, der seine Arme erhoben hielt, für uns – und er konnte sie nicht sinken lassen: der Gekreuzigte.

Herr,
deine am Kreuz erhobenen Hände
sind unser Heil!

Selber habt ihr gesehen, was ich an Ägypten tat. Ich trug euch auf Adlerflügeln und ließ euch kommen zu mir.

Sie hatten in Ägypten die Erfahrung gemacht, daß Gott da ist! So war Vertrauen aufgekommen. „Nur als solche, die sahen und sehend vertrauten, konnten sie zur Begegnung mit ihm gebracht werden" (M. Buber).

Das Bild vom „Adlerspruch" kehrt im Buch Deuteronomium wieder: „Im Wüstenland nimmt er es zu eigen, in der Wildnis und Nacht der Steppe. Umhegt es schützend, wartet seiner, wie seinen Augapfel behütet er es. Einem Adler gleich, der sein Nest aufstört und über seinen Jungen schwebt. Breitet er aus seine Schwingen, nimmt es auf, auf seinen Fittichen trägt er es. Jahwe allein geleitet es, kein fremder Gott steht ihm bei" (Dtn 32, 10–11).

Das ist ein Bild für die Erwählung seines Volkes unter den Völkern.

Ist es nicht auch Bild meiner Erwählung?

Des Tuns Gottes an mir?

Nicht meine Leistung,

daß ich zu ihm komme.

Vertrauen, daß Gott dies tut:

„Ich trug euch auf Adlerflügeln

und ließ euch kommen zu mir."

Später wird *der* Bote Gottes sagen:
„Vater, du hast sie mir gegeben –
niemand kann sie meiner Hand entreißen."
Durch Erwählung ist es dahin gekommen,
daß ich ihm gehöre.
Das ist mir, dem Getauften, zugesagt.
Verbürgt in Jesus Christus!

„Lobe den Herrn, der alles so herrlich regieret,
Der dich auf Adelers Fittichen sicher geführet,
Der dich erhält, wie es dir selber gefällt.
Hast du nicht dieses verspüret?"

43 *Siehe! Ich werde im Wolkendunkel zu dir kommen.*
Exodus 19,9

Eine jüdische Geschichte erzählt: „Rabbi Baruchs
Enkel, der Knabe Jechiel, spielte einst mit einem
anderen Knaben Verstecken. Er verbarg sich und
wartete, daß ihn sein Gefährte suche. Als er lange
gewartet hatte, kam er aus dem Versteck; aber der
andere war nirgends zu sehen. Nun merkte Jechiel,
daß jener ihn von Anfang an nicht gesucht hatte.
Weinend kam er in die Stube seines Großvaters ge-
laufen und beklagte sich über den bösen Spielge-
fährten. Da flossen Rabbi Baruch die Augen über
und er sagte: So spricht Gott: Ich verberge mich,
aber keiner will mich suchen…"

So spricht Gott: Ich verberge mich,
aber keiner will mich suchen…
Gott ist da, Gott ist ganz nahe –
er kann gefunden werden!
Aber er muß sich verbergen, verhüllen,
denn unsere Welt hat keine Dimensionen,
keine Maße, so daß wir ihn greifen,
be-greifen könnten.
Und doch will er von uns entdeckt werden –
als der Verborgene!
„Siehe! Ich werde
im Wolkendunkel zu dir kommen!"
Er kommt, aber im Wolkendunkel.
Er ist nahe, aber in Verborgenheit.

Er offenbart sich – in Verhüllung.
Die Mystikerin Mechthild von Magdeburg spricht
von der „seligen gotzvrömedunge", der seligen
Gottesfremde, die „wunderlich uf mich vallet".
Nähe und Ferne Gottes zugleich.

In einem Kirchenlied heißt es:
„Überall ist er und nirgends,
Höhen, Tiefen, sie sind sein."
Er ist da,
aber wir können seiner nicht habhaft werden:
„Siehe! Ich werde
im Wolkendunkel zu dir kommen!"
„Siehe" steht da:
es ist etwas zu sehen,
wahrzunehmen, zu erfahren,
aber in Verhüllung, „im Wolkendunkel".
Manchmal, wenn wir zurückschauen:
Da war eine Lebensstunde, ganz dunkel,
wir wußten nicht mehr weiter,
alles war wie zugezogen,
kein Weg mehr, kein Sinn mehr –
und doch, wenn wir uns jetzt erinnern:
war da nicht in der Dunkelheit
die Erfahrung:
es geht nicht ins Bodenlose,
ein Halt ist da,
vertrauen kannst du – trotz allem!
„Siehe! Ich werde
im Wolkendunkel zu dir kommen!"
Zeichen sind da.

Der Glaube nimmt sie wahr
als Zeichen seiner Nähe.
Vertrauendes Sicheinlassen
führt zu tieferem Erkennen. –

Bei der Verklärung Jesu auf dem Berge heißt es: „Da
kam eine Wolke und überschattete sie. Als jene in
die Wolke hineingingen, fürchteten sie sich"
(Lk 9, 34).

Einmal hat sich für einen Menschen das Wolkendunkel, in dem Gott kommt, zu äußerster Finsternis verdichtet: Als Jesus starb, „fiel eine Finsternis
über das ganze Land hin" (Mk 15, 33): da war Gott
ihm ganz nahe!

Herr, bleibe bei uns
im Dunkel der Welt.
Herr, bleibe bei mir
im Dunkel meines Lebens.

Am dritten Tag, als es Morgen wurde, brachen **44**
Donner und Blitze los, eine schwere Wolke lagerte
sich über dem Berg, und es ertönte mächtiger Po-
saunenschall. Das ganze Volk, das im Lager war,
erbebte. Mose führte das Volk aus dem Lager hin-
aus zur Begegnung mit Gott.   Exodus 19,16.17

Das Volk lagert in der Sinaiwüste am Fuß des Berges. Es hat durch Mose erfahren, daß Gott sich ihm
offenbaren wolle. Das Volk birgt sich hinein in sein
Lager – es fürchtet die Zeichen des nahenden Gottes. „Da führte Mose das Volk aus dem Lager hinaus, Gott entgegen."
Im Lager bleiben,
sich absichern im Gewohnten,
unter den Vielen,
vor dem Unbekannten, Kommenden.
In den Positionen sich festsetzen.
„Den Schritt zur letzten Verwandlung erkennt der
Mensch nur, wenn er sich in seinem Zustand uner-
füllt fühlt und darunter leidet. Nur wenn ihm diese
Lebenshaut zu eng wird, wenn er fühlt, daß er sich
im Gewohnten verhärtet und daß in ihm etwas dazu
drängt, seine ‚Positionen', seinen ‚Standpunkt',
seine Gewohnheiten und seine ganzen Lebensfor-
men zu sprengen, dann erst ist der Augenblick gekommen..." (Karlfried Graf Dürckheim), den Weg
zu beginnen. Den Weg der Begegnung mit *der* verwandelnden Kraft. Sich einzulassen mit dem Gott,
der *durch mich* durchkommen will.

95

Es ist gut, wenn ein Mose da ist, der uns herausführt aus dem Lager: zur Begegnung mit Gott.

Herr, laß in deiner Kirche prophetische Menschen aufstehen, die dein Volk aus seinem Lager hinausführen, aus seinen Verhärtungen – dir entgegen, deiner verwandelnden und erneuernden Kraft.
Herr, laß mich meine Enge und Ängste erkennen, mit denen ich mich vor deinem immer neuen und belebenden Anspruch versperre. Du willst durch mich durchkommen: laß mich den Aufbruch zur Verwandlung wagen. Schick mir den Menschen, der an mir den Mose-Dienst tun kann: mich aus mir selbst hinauszuführen, mehr und mehr dir entgegen.

Als wir früher die Zehn Gebote lernten, begannen sie: „Ich bin der Herr, dein Gott: Du sollst ...". Und das klang wie eine Formel von letzter Befehlsautorität. Aber diese Einleitung ist eine verfälschende Verkürzung. Die „Präambel" der Zehn Gebote ist die Frohbotschaft vom Befreier-Gott! Nicht: „Ich bin der Herr, dein Gott: Du sollst ...", sondern: „Ich bin Jahwe, dein Gott, der dich aus Ägypten, dem Sklavenhaus, herausgeführt hat." Ich bin Jahwe, dein Befreier-Gott. Ich bin der Gott, der befreit. Und die Zehn Gebote, die dann folgen, sind gleichsam Hilfen, die Freiheit zu leben.

„Die üblich gewordene Verstümmelung des ersten und grundlegenden Zehnwort-Satzes macht aus der auflichtenden Wegweisung des Befreier- und Erlösergottes ‚Setzungen' und ‚Gesetze', ja ‚Kommandos' eines gestrengen Gebieter-Gottes, der dem Menschen seine einengenden Grenzen setzt und deren Übertretungen rächend ahndet" (A. Deissler, Ich bin dein Gott, der dich befreit hat. Freiburg i. Br. 1975).

Nicht: „Ich bin der Herr, dein Gott", sondern: „Ich bin Jahwe, dein Gott": Jahwe, das ist der Name, mit dem Gott sich im brennenden Dornbusch geoffenbart hat; der lebendige Gott der Zuwendung zu den Menschen: Ich bin da bei euch! „Jahwe, *dein* Gott": wenn er uns sagt: Ich bin *dein* Gott, dann dürfen wir

also sagen: Du, *mein* Gott! *Mein* Gott bist du! Du
bist mein Gott, der mich befreit!
Ich höre das Wort auf mein Leben hin. Ich bin aus
dem Sklavenhaus herausgeführt. Die Taufe war für
mich die Passahnacht, das Tor zur Freiheit. Gott
will mich weiterführen auf dem Weg der Befreiung.
Wenn ich mich einlasse auf Gottes Führung, wenn
ich Gott durchkommen lasse in meinem Leben:
dann werde ich Befreiung erfahren!
„Ich bin Jahwe, dein Gott, der dich aus Ägypten,
dem Sklavenhaus, herausgeführt hat": Ich höre dieses Wort auf das Volk Gottes hin, auf die Kirche hin.
Ich sehe den weiten Bogen von diesem Grund-Wort
des Alten Testamentes bis hin zu dem Pauluswort:
„Zur Freiheit hat uns Christus befreit – Laßt euch
nicht wieder in das Joch der Knechtschaft spannen"
(Gal 5, 1).

Du hast meinen Fuß auf weiten Raum gestellt.

Psalm 31,9

46

Wenn du mir einen Altar aus Steinen errichten willst, so darfst du ihn nicht aus behauenen Steinen bauen.   Exodus 20,25

„Die Steine müssen unbearbeitet bleiben, weil eine Bearbeitung mit menschlichen Werkzeugen die Ursprünglichkeit und Integrität und damit die erforderliche Heiligkeit beseitigen würde" (M. Noth, Das 2. Buch Mose).

In einem Kreis von Diakonen im Priesterseminar hielten wir eine Steine-Meditation. Auf einem Tisch waren vielerlei Steine ausgebreitet; jeder konnte sich einen davon auswählen, ihn in die Hand nehmen und die Empfindungen, Gedanken und Impulse kommen lassen, die dieser Stein in ihm weckte. Nach einer Weile des Meditierens mochte dann jeder etwas von dem Stein sagen – und was er sagte, war zwar etwas von dem Stein, aber eigentlich sprach jeder von sich selbst.

Einer der Diakone hatte einen Stein genommen, der ungefügig war und sich nicht recht in die Hand schmiegen konnte. Und der Diakon sagte: Da gibt es im Buche Exodus ein Wort, in welchem Gott sagt, daß für den Bau eines Altares nur unbehauene Steine genommen werden sollten. Darf ich nicht dies Wort als ein Bildwort für uns, für mich nehmen? Gott nimmt mich an, so wie ich bin. Er fügt mich in *meiner* Individualität, in *meiner* Ursprünglichkeit, in *meiner* Eigen-Art, aber auch in meiner

Ungefügigkeit ein in sein Heiligtum – wenn ich es nur zulasse und ja sage zu dem, was ich *eigentlich* bin! Der Verlorene Sohn wird vom Vater aufgenommen, so wie er ist. Und hätte der Verlorene sich selber auf seinem Weg zum Vater erst noch zurechtgemacht, um ein wenig wohlgestaltener anzukommen – er hätte die bedingungslose Liebe des Vaters so nicht erfahren können.

Der unbehauene Stein und ich – gewiß gilt auch das andere: ich muß reifen, mich wandeln und wandeln lassen, das Leben muß mich „bearbeiten", Schuld und Leid werden ihre Spuren eingraben, wie sich die Spuren der Zeit eingegraben haben in den Stein. Und dennoch: Gott nimmt mich an in meiner Ursprünglichkeit, meiner Eigen-art, ja auch meiner Ungefügigkeit.

Er nimmt mich an:

so wie ich bin!

Und fügt mich ein in sein Heiligtum,

in das wunderbare Zusammen mit den Vielen,

die er erwählt hat.

Laßt euch als lebendige Steine
zu einem geistigen Haus aufbauen.   *1. Petrusbrief 2, 5*

47

Siehe, ich sende einen Engel vor dir her. Er soll dich auf dem Weg schützen und dich an den Ort bringen, den ich bereitet habe. Habe acht auf ihn und höre auf seine Stimme. Widersetze dich ihm nicht! Er würde es nicht ertragen, wenn ihr euch auflehnt: Denn mein Name ist in ihm! Exodus 23, 20–21

Am Ende ihrer Lebensbeschreibung faßt Alma Mahler-Werfel ihre Erfahrung in den Satz zusammen: „Ich glaube, daß ein Mensch sehr wohl die Linie seines Schicksals erkennen kann, wenn er nur aufmerksam genug ist. Er wird auch von einer inneren Stimme gewarnt. Aber er muß sie hören und muß ihr zuhören können." Die gleiche Erfahrung hatte viele Jahre früher Franz Werfel seinem Tagebuch anvertraut: „Wenn ich genau hinsehe, so ist jede Minute meines Lebens von den mysteriösesten Winken erfüllt, denen ich nie recht in die Augen schauen will, aus Bequemlichkeit, aus Angst, aus Ungeistigkeit ... Den Fingerzeig jeden Augenblicks zu sehen ...! Das Gefühl für unseren freien Willen wird durch das tiefere Lauschen auf unsere innere Stimme nur gehoben! Denn Ziel des freien Lebens einzig ist es, diese innere Stimme auszugraben ..." (A. Mahler-Werfel, Mein Leben, Frankfurt a. M. 1960).
Das Große Leben, das alles erfüllt und trägt, die Lebenskraft Gottes, will durch mich durchkommen. Da ist mein kleines begrenztes Leben, mein Ich; aber es ist dazu berufen und darauf angelegt: durch-

atmet und durchlebt zu werden von dem Großen Leben, von der Lebenskraft Gottes („Da blies Gott dem Menschen seinen Atem ein", so heißt es im Bildwort des Schöpfungsberichtes). Dieses Leben will von innen her durchkommen durch *meine* Eigenart, durch *meine* Lebensgeschichte. Wenn ich in Fühlung bin mit dieser Kraft Gottes, die nicht namenlose Lebenskraft ist, sondern liebendes Du („Denn mein *Name* ist in ihm"!), wenn ich in meiner Lebensgeschichte im Horchen und Gehorchen auf diese innere Lebens-Stimme meinen Weg gehe, dann kann es kein verfehltes Leben werden: „ ... und dich an den Ort bringen, den ich bereitet habe"! Für dieses Horchen und Gehorchen auf die innere Lebens-Stimme, mich selber immer wieder loslassend und mich einlassend auf diese innere Lebens-Wahrheit, gilt die Erfahrung: „Das Gefühl für unseren freien Willen wird durch das tiefere Lauschen auf unsere innere Stimme nur gehoben."

Die Kraft Gottes – „Engel" nennt sie das Schriftwort – strahlt von innen her und geht mit mir auf meinen Weg. Je mehr ich in Fühlung bin mit *dem* Leben in mir, je mehr ich mich ihm vertrauend überlasse, um so sicherer kann ich meinen Weg gehen: wie in einer verborgenen Lichtbahn, die vor mir hergeht.

Herr, laß mich hören auf deine Stimme.
Herr, laß mich achten auf deine Zeichen.

Am siebten Tag rief Er Mose mitten aus der Wolke
heraus zu. Den Augen der Israeliten stellte sich die
Herrlichkeit Jahwes dar wie ein verzehrendes
Feuer auf dem Gipfel des Berges. Da ging Mose in
die Wolke hinein und stieg auf den Berg.

Exodus 24, 17–18

Aus der Wolke kommt der Anruf Gottes.
Aus dem unbegreiflichen Geheimnis.
Die Israeliten erfahren aus großer Ferne
etwas vom Widerschein seiner Gegenwart:
wie ein Feuer auf dem Gipfel des Berges.
Gott bleibt Geheimnis.
Wenn der Mensch Ehrfurcht hat
vor dem Geheimnis,
kann es sein,
daß er Zeichen wahrnimmt,
die auf ihn hinweisen.
Und: Sein Wort ist da!
Seine Stimme:
„Da rief er Mose mitten aus der Wolke heraus zu."
Aus der Mitte der Verborgenheit,
der Dunkelheit kommt sein Anruf.
„Da ging Mose in die Wolke hinein!"
Es gibt ein Suchen des Menschen nach *der* Wahrheit. Er macht sich auf den Weg, und eine Ahnung
kommt auf, „daß man die Wahrheit zwar erfahren
kann, daß sie sich aber ändert, sobald man sie kennt,
und nur noch ein Hinweis bleibt, Wegweiser zu einer anderen Wahrheit, die sich hinter ihr verbirgt –
Hügel hinter Hügel, hinter Hügeln und keiner von

ihnen der letzte" (M. Sperber, Die Wasserträger Gottes, Wien 1974).

Aber da ist auch ein anderes. Der Mensch kommt in die Nähe des Geheimnisses. Eine verborgene Anziehungskraft geht aus von dem Geheimnis – und der Mensch läßt sich ein in den „Ruf" des Geheimnisses: „Da ging Mose in die Wolke hinein."

Oder: Eine Dunkelheit ist da, „Wolke", etwas, das nicht mehr auszuhalten ist, nicht mehr bestanden werden kann – und ich bleibe dennoch da, ich versuche, dem Unmöglichen, dem Unbegreiflichen standzuhalten: und ich erfahre, wie es sich wandelt und wie es in mir eine neue Kraft erweckt.

Die Wahrheit der Legende weiß es: Christophorus nimmt in einer stürmischen, dunklen Nacht ein Kind auf die Schulter, es über den Strom zu tragen. Er trägt an der Last so schwer, daß er fast erdrückt wird. Aber indem er trägt und durch die Dunkelheit und durch den Strom geht, wandelt sich die Last, und das Geheimnis des Kindes offenbart sich ihm: du hast Christus getragen!

Gott, unsagbares ewiges Geheimnis,
ich bete dich an!

Das heilige Zelt in der Mitte des Volkes. Anspruch an jeden von uns: Ihm ein Heiligtum zu errichten. Er will die Mitte sein.

Dem Anspruch voraus geht die Erwählung: „Wißt ihr nicht, daß ihr Tempel Gottes seid und daß der Geist Gottes in euch wohnt? Der Tempel Gottes ist heilig: und der seid ihr!" (1 Kor 3, 16–17.)

Gott will durch mich durchkommen in meinem Leben, in meiner Welt. Gott will durch mich in Erscheinung kommen in dieser Welt!

Wie geschieht es?

Wenn ich die Wahrheit *meines* Lebens zulasse, die Wahrheit *meines* Lebens lebe: Was meint Gott mit mir?

Wenn ich dies immer wieder versuche: „Lebe das, was du vom Evangelium begriffen hast, und sei es noch so wenig" (Roger Schutz).

Wenn ich mich *wahrhaftig* öffne, die Heiligung zu empfangen, die er mir schenkt in der Kirche, in der Versammlung der „Heiligen", der Geheiligten!

Denn dieses Wort Gottes an Mose geht über den einzelnen hinaus. Im Wort Jesu wird es zur Zusage: „Wo zwei oder drei auf *meinen Namen* versammelt sind, da bin ich mitten unter ihnen" (Mt 18, 20).

„Du bist in unserer Mitte, Herr,
und dein Name ist über uns ausgerufen!"
                      Jeremia 14, 9

50

Sieh zu, daß du alles genau nach dem Urbild machst, das dir auf dem Berge gezeigt worden ist.

Exodus 25,40

Mit diesem Vers endet das Kapitel 25, in welchem genaue Anweisungen gegeben werden für den Bau des Heiligtums.

Ich denke, daß mancher Künstler zu diesem Wort guten Zugang hat: da ist im *inneren* Bild eine „Idee" da, ein innerer Entwurf – nun muß er Gestalt gewinnen. Ich denke, daß auch mancher Psychologe guten Zugang zu diesem Wort hat: in der Seele des Menschen liegen Urbilder, Urimpulse – von ihnen bekommt, ohne daß ich es weiß, mein Verhalten seine Färbung.

Aber für den Glaubenden gibt es ein anderes Verstehen dieses Wortes. Mein Leben soll ja zum Heiligtum werden.

Es gibt eine innere Weisung, Berufung für mein Leben. Es gibt eine Erwartung Gottes an *mein* Leben: Gott wartet auf mich! „Urbild" – das ist, daß ich in meinen Entscheidungen auf die innere Stimme höre, mich einlasse in den „Wesensgrund", der durch mich durchkommen will; daß ich herkomme von jener Mitte, die mir Halt und Vertrauen gewährt.

Eine chassidische Bildgeschichte, die Martin Buber uns aufgezeichnet hat, kann uns noch einmal in anderer Weise dieses Wort vom Blick auf das „Urbild" übersetzen.

Das Rad und das Pünktlein

Rabbi Jizchak Meir erging sich einmal an einem Spätsommerabend mit seinem Enkel im Hof des Lehrhauses. Es war Neumond, der erste Tag des Monats Elul.

Der Zaddik fragte, ob man heute den Schofar geblasen habe, wie es geboten ist, einen Monat, ehe das Jahr sich erneut.

Danach begann er zu reden:

„Wenn einer Vorsteher wird, müssen alle nötigen Dinge da sein, ein Lehrhaus und Zimmer und Tische und Stühle, und einer wird Verwalter, und einer wird Diener und so fort.

Und dann kommt der böse Widersacher und reißt das innerste Pünktlein heraus, aber alles andere bleibt wie zuvor, und das Rad dreht sich weiter, nur das innerste Pünktlein fehlt." Der Rabbi hob die Stimme:

„Aber Gott helfe uns: man darf's nicht geschehen lassen!"

Herr, ich möchte leben aus dir!

51 *Mose nahm das Zelt und schlug es für Ihn außer-*
halb des Lagers in einiger Entfernung vom Lager
auf. Er nannte es Zelt der Offenbarung. Sooft
Mose zum Zelt hinausging, stand das ganze Volk
auf, und jeder stellte sich an den Eingang seines
Zeltes, und sie schauten Mose nach, bis er in das
Zelt eingetreten war.   Exodus 33,7–8

Dies ist ein bewegendes Bild der Ehrfurcht: wie das
ganze Volk, jeder schweigend am Eingang seines
Zeltes steht und Mose nachschaut auf seinem Weg
zur Begegnung mit Gott. Jeder weiß: da, in dieser
Begegnung, vollzieht sich mein Geschick. Vom Zelt
der Begegnung, vom Zelt der Offenbarung her
kommt Deutung ihres Lebens, kommt Weisung für
den Weg der Wanderung durch die Wüste.
Das Zelt der Begegnung und Offenbarung steht au-
ßerhalb des Lagers. Es kommt uns jenes Wort des
Neuen Testamentes im Hebräerbrief in den Sinn:
„Jesus hat außerhalb des Tores gelitten. So laßt uns
denn zu ihm aus dem Lager hinausgehen und seine
Schmach tragen" (13,12–13).
Aber Bild und Wirklichkeit wandeln sich. Nach der
Auferstehung wird es heißen: „Da trat Jesus *in ihre*
Mitte" (Joh 20,19). Und zuletzt wird es heißen:
„Siehe: das Zelt Gottes unter den Menschen!" (Apk
21,3.) Die Mitte der himmlischen Stadt ist das
Lamm (Apk 21). –
Immer wieder sehen wir uns an diesen Anfang zu-
rückversetzt: das Zelt der Begegnung mit Gott au-

ßerhalb des Lagers, außerhalb unseres Lebens, außerhalb unseres Alltags. „Und sie schauten Mose
nach, bis er in das Zelt eingetreten war": unsere Le-
bens-Linien suchen ihn. Deutung unseres Lebens
von ihm her.
Und der Aufbruch unserer Hoffnung in jeder Eucha-
ristie: „Siehe, das Zelt Gottes unter den Menschen.
Er wird mit ihnen zelten, und sie werden sein Volk
sein, und er wird Gott mit ihnen sein. Und er wird
abwischen jede Träne aus ihren Augen, und der Tod
wird nicht mehr sein, noch Trauer noch Klage, noch
Mühsal. Denn das erste ist vergangen. Und der auf
dem Throne sitzt, sagte: Siehe, ich mache alles
neu!" (Apk 21, 3–5.)

Herr, wohne in der Mitte unseres Lebens!

52 *Jahwe redete mit Mose von Angesicht zu Angesicht, wie jemand mit seinem Freunde spricht.*

Exodus 33, 11

Das ist ein staunenswertes Wort im Alten Testament. „Wer Gott sieht, muß sterben", so heißt es sonst. Hier aber ist eine Nähe, Unmittelbarkeit ausgesprochen, die staunen läßt.

Wenn es hieße: Mose redete mit Jahwe ... Aber nun heißt es: „Jahwe redete mit Mose ...". Von Ihm her ist es gewährt.

Das Wort will uns Vertrauen geben. Jesus nennt seine Jünger „Freunde": „Ich nenne euch meine Freunde" (Joh 15, 15). Er will mit uns sprechen „wie jemand mit seinem Freunde spricht". In ihm ist uns Gottes Angesicht nahe gekommen. –

„In Begegnungen wachsen", so schreibt der Dichter Rilke in sein Tagebuch im Blick auf eine Freundschaft. Daß doch mein Beten gesegnet sei mit der von Ihm gewährten Gnade der Freundschaft! „In Begegnungen wachsen!"
Vielleicht wagen wir es, mit Gott zu sprechen, wie man mit einem Freunde spricht.
Vielleicht machen wir dann die Erfahrung, daß Gott mit uns spricht, wie man mit einem Freunde spricht.
Vielleicht ist Gott schon auf dem Weg zu uns, mit uns zu sprechen, wie man mit einem Freunde spricht.

Herr, laß dein Angesicht über mir leuchten!

110

Er (Jahwe) sprach:
Ginge mein Antlitz mit,
gäbe ich dir damit Ruhe?
Er (Mose) sprach zu ihm:
Geht dein Antlitz nicht mit,
bring uns von hier nicht hinauf!   Exodus 33,14–15

„Geht dein Antlitz nicht mit, bring uns von hier nicht hinauf!" Das sagt der, der ganz vertraut geworden ist mit Gott; unmittelbar vorher ist ja die Erfahrung: „Jahwe redete mit Mose von Angesicht zu Angesicht, wie jemand mit seinem Freund spricht."
Das mitgehende Antlitz – das ist:
Laß uns erfahren,
daß du da bist,
daß du der Lebendige bist.
Laß uns erfahren,
daß nicht ein blindes Schicksal über uns ist,
„augenlose Materie".
Laß uns im Glauben erfahren:
Deine gute Nähe!
Gib, daß wir sagen können: Du!

Ein großer Aufbruch ist da in unserer Zeit, Technik, Medizin, Raumfahrt... Der Philosoph Ernst Bloch spricht in diesem „Fortschritt" seine Hoffnung so aus: „Mundus est laboratorium possibilis salutis – Die Welt ist die Werkstatt, in der, wenn irgend möglich, das Heil gemacht wird." Vielleicht kön-

nen wir es bewerkstelligen, daß wir auf dieser Welt
heil leben können: innerweltliches Hoffnungsziel.

Aber: „Geht dein Antlitz nicht mit, bring uns von
hier nicht hinauf!"
Mein Leben – Entwürfe, Pläne... „Geht dein Ant-
litz nicht mit..."
In Jesus ist uns das Antlitz nahe. Auf dem Weg, dem
Emmausweg, geht er in Verborgenheit mit.

Bleibe bei uns, Herr, mit deinem Antlitz!

Jemand sagte mir: Ein Gedicht von Georg Trakl hat mich durch Jahre begleitet, es sagte am vollkommensten mein Lebensgefühl aus:

Vollendung

Mein Bruder, laß uns stiller gehn!
Die Straßen dunkeln sachte ein.
Von ferne schimmern wohl Fahnen und wehn,
Doch Bruder, laß uns einsam sein –

Und uns zum Himmel schauend ruhn,
Im Herzen sanft und ganz bereit,
Und selbstvergessen einstigem Tun.
Mein Bruder, sieh, die Welt ist weit!

Da draußen spielt mit Wolken der Wind,
Die kommen wie wir, von irgendwo.
Laß sein uns, wie die Blumen sind,
So arm, mein Bruder, so schön und froh!

Er konnte es auswendig, denn er liebte diese Verse. Aber nach einer Pause fuhr er fort: Das Gedicht konnte mich trösten, dennoch zog es mich immer mehr in eine Melancholie hinein, deren ich immer weniger Herr werden konnte, ja vielleicht auch nicht wollte. Bis ich eines Tages ein Wort las, das in der Bibel steht. Ich war auf einer Reise wie zufällig in eine sehenswerte Kirche eingetreten, unten lag eine große Bibel aufgeschlagen, und mein Blick

fiel auf dieses Wort, das Gott zu Mose spricht:
„Ich kenne dich mit Namen!"
In diesem Augenblick begann eine Verwandlung.
Ich liebe das Gedicht von Trakl immer noch, es gehört zu mir, aber es hat eine neue „Seele" bekommen.
„Ich kenne dich mit Namen!" – Name, das ist das Wesen des Menschen, das Unvertauschbare, das Einzigartige. Das ist der Mensch, wo er ganz er selbst ist.

Wenn ich das glauben kann:
„Ich kenne dich mit Namen!"
Nicht Menschheit, sondern: ich! Du!
Das Kennen Gottes – seine Zuwendung.
Jesus nennt diesen Gott: Vater!
Gott hat es mit *mir* zu tun.
Ich habe es mit Gott zu tun.
Ich bin gemeint.
In der Namenlosigkeit unseres Lebens dieses:
„Ich kenne dich mit Namen!"
In der Melancholie des Vergehens dieses Wort:
„Ich kenne dich mit Namen!"

„Da ich noch nicht geboren war,
da bist du mir geboren
und hast mich dir zu eigen gar,
eh ich dich kannt', erkoren.
Eh ich durch deine Hand gemacht,
da hast du schon bei dir bedacht,
wie du mein wolltest werden." Paul Gerhardt, 1653

114

Da bat er (Mose): Laß mich doch deine Herrlichkeit
schauen! Er (Jahwe) antwortete: Ich will alle meine
Schönheit vor dir vorüberziehen lassen..."

Exodus 33, 18–19

Dieses Wort ist einzigartig in der Bibel: „Ich will
alle meine Schönheit vor dir vorüberziehen lassen..."
Wir denken an die Schönheit der Schöpfung, und
ungezählte Bilder gehen uns durch den Sinn: Der
gestirnte Himmel, die Landschaft unter dem hellen
Licht der Sonne, die Berge, das Meer, die Blumen,
der Herbsttag mit dem milden Sonnenlicht auf den
gelben Blättern, Musik der Schöpfung, das geliebte
Antlitz – das „Lied in allen Dingen"... „Ich will
alle meine Schönheit an dir vorüberziehen lassen..." Eine entrückende Gewalt kann die Erfahrung der Schönheit haben.
Aber da ist in den Übersetzungen dieses Wortes in
unserer Bibel etwas Bemerkenswertes. Einige
Übersetzungen haben statt des Wortes „Schönheit" das Wort „Güte": „Ich will all meine Güte
vor dir vorüberziehen lassen." Und in der Tat: das
hebräische Wort, das da steht, kann sowohl Schönheit wie Güte bedeuten.
Das berührt unser Herz. Gottes Schönheit ist mehr
als die Schönheit, die uns in der Schöpfung auf-
scheint: Sie ist seine Güte! (Ist denn nicht auch die
Schönheit eines Menschenantlitzes seine Güte, die
aus ihm scheint?).
Gott sagt: „Ich will alle meine Schönheit vor dir

vorüberziehen lassen!" „Ich will alle meine Güte
vor dir vorüberziehen lassen!"
„Vorüberziehen lassen?" Einmal wird sie bleiben!
Wie es ein Psalm sagt: „Dann, wenn ich einst er-
wache, dann werde ich satt mich sehen an deiner
Gestalt" (Ps 17, 15).
„Kein Auge hat es gesehen, kein Ohr hat es gehört,
in keines Menschen Herz ist es gedrungen, was Gott
denen bereitet hat, die ihn lieben" (1 Kor 2, 9).

Herr, laß mich sehend werden
für die Zeichen Deiner Schönheit.
Herr, laß mich sehend werden
für die Zeichen deiner Güte.

56

Gott sprach: Du kannst mein Angesicht nicht sehen. Kein Mensch kann mich sehen und am Leben bleiben. Dann sprach der Herr: Hier, diese Stelle da! Stell dich an diesen Felsen! Wenn meine Herrlichkeit vorüberzieht, stelle ich dich in den Felsspalt und halte meine Hand über dich, bis ich vorüber bin. Dann ziehe ich meine Hand zurück, und du wirst meinen Rücken sehen. Mein Angesicht kann niemand sehen. Exodus 33, 20–23

Die Sehnsucht des Menschen nach Gotteserfahrung, nach Unmittelbarkeit seiner Nähe! „Könnt' ich im Traum Dich sehen, wie gerne schlief ich ein!", so betet Jehuda Halevi. Aber Gott ist ein verborgener Gott. „Führwahr, du bist ein Gott, der sich verbirgt", ruft der Prophet Jesaja aus (45, 15). Gott läßt Mose sich in die Felshöhle stellen und deckt seine Hand über ihn; er stellt ihn in den Schattenraum der Verhüllung. Der Augenblick unmittelbarer Nähe Gottes wird nicht erfahrbar – erst nachher, im Zurückschauen, kann es aufkommen: Da war Gott! So wie der Patriarch Jakob nach dem Traumgesicht von der Himmelsleiter im Erwachen ausruft: „Wahrhaftig, Gott war an dieser Stätte, und ich wußte es nicht!" (Gen 28, 16.)
Ist es so, daß Gott uns gerade dann nahe ist, wenn wir in das Dunkel gestellt sind und er seine Hand auf uns legt und uns einhüllt in den Schatten seiner Hand? Und wir erkennen nichts! Und erst nachher, wenn diese Stunde der Dunkelheit vorbei ist, wenn

er seine Hand zurückgenommen hat, können wir ahnen: Da war Er!

Ein Wort von Mechthild von Magdeburg scheint von dieser Erfahrung zu sprechen: „Nun vollzieht sich an mir die Herrlichkeit Gottes. Denn jetzt verfährt Gott wunderbar mit mir: Seine *Entfremdung* („vrömedunge") ist mir lieber als er selbst." Sie hat erfahren, daß in der Entfremdung, in der Verhüllung Gott näher ist als in den Vorstellungen, die sie sich selber von Gott machen kann und in denen sie ihn zu verstehen glaubt. „Eia, selige Gottesfremde: Gott ist stets größer und wunderbarer auf mich gefallen!"

Einen Menschen hat es gegeben, von dem alle, die in seiner Nähe waren, spürten: Er hat eine Gotteserfahrung wie kein anderer! Das Geheimnis Jesu von Nazareth! Einmal muß die Ausstrahlung dieses Geheimnisses so stark gewesen sein, daß einer der Jünger ihn bedrängte: Zeige uns Gott! „Zeige uns den Vater!" (Joh 14, 8.) Und Jesus tut etwas Unerhörtes: Er verweist auf sich! „Wer mich sieht, sieht den Vater!"

Ob uns da *der* Weg gewiesen ist in unserem Verlangen nach Gotteserfahrung?

Herr, laß mich dein Angesicht schauen!

57

*Vor mir sollst du nicht
mit leeren Händen erscheinen.*   Exodus 34, 20

In einem Gedicht von Werner Bergengruen steht
die Strophe:

> „Liebt doch Gott die leeren Hände,
> und der Mangel wird Gewinn.
> Immerdar enthüllt das Ende
> sich als strahlender Beginn."

Gott sagt: „Vor mir sollst du nicht mit leeren Händen erscheinen." Das Gedicht sagt: „Liebt doch
Gott die leeren Hände." Wie bringen wir das zusammen?
Im Verständnis dieser Worte – Verständnis nicht
vom Kopfe her, sondern vom Leben her – ist wohl
ein weiter Weg zu gehen. Vielleicht beginnt der Weg
damit, daß wir dieses oder jenes, das wir in unseren
Händen halten, weggeben. Es ist im Anfang vielleicht noch wie ein Zoll, den wir geben, nur ein
Hergeben, noch kein Hingeben. Vielleicht wollen
wir bei diesem ersten Geben uns etwas einhandeln,
einsichern – auch von Gott! Aber wenn dann das
Hergeben zum Schenken wird, wenn in dieses Geben etwas von mir selbst eingeht, dann kann es sein,
daß ich die seltsame Erfahrung mache: ich werde
nicht ärmer, dieses Geben ist er-füllend!
Und wenn es dann zu diesem Äußersten käme, daß
ein Mensch sozusagen sich selbst auf seine hinge-

haltenen Hände legte und sich wegschenkte – gäben diese „leeren" Hände nicht alles?

Der Lübecker Kaplan Eduard Müller, der 1943 hingerichtet wurde, betete vor seinem Tod dieses Gebet:

„Herr, hier sind meine Hände.
Lege darauf, was du willst.
Nimm hinweg, was du willst.
Führe mich, wohin du willst.
In allem geschehe dein Wille."

Als Jesus am Kreuze hing, schienen seine Hände leer zu sein. In seinen Händen war nur noch der Kopf des Nagels zu sehen, mit dem er an das Holz geschlagen war. Aber mit seinen leeren Händen gab er alles – „für die Vielen"! : „Vater, in deine Hände gebe ich mein Leben!"

Aber da ist noch ein anderes. Da kommt ein Mensch immer mehr zu der niederdrückenden Erkenntnis: ich habe mein Leben vertan! Meine Hände sind leer! Ich habe nichts aufzuweisen! Und Gott sagt: „Vor mir sollst du nicht mit leeren Händen erscheinen." Gibt es keine Möglichkeit mehr, Gottes Wort zu „besiegen"?

Der Zöllner betet: „Herr, sei mir Sünder gnädig."
Der Schächer am Kreuz bittet: „Herr, denk an mich, wenn du in dein Reich kommst."
Da er nichts mehr in seinen Händen aufzuweisen hat als die Schuld eines vertanen Lebens, bleibt ihm nur noch das Gebet: Gott, du allein...!

Sind solche Hände leer? Sind sie ungeeignet, gefüllt zu werden?

Die letzte Erkenntnis des Zöllners und des Schächers ist zugleich die reifste – auch der, der noch etwas mit seinen Händen zu bringen hat, kann keine reifere haben: Jetzt verdanke ich alles nur noch Ihm!

Und so wandelt uns die Erfahrung. Wir beginnen damit, dieses oder jenes zu Gott hinzuhalten. Und wir reifen dahin – reiften wir doch wirklich dahin! –, zu erfahren: das, was ich gebe, ist nur Verdanktes. Und zuletzt ist es die Erfahrung, daß ich mich selbst Seinen Händen verdanke.

„Immerfort empfange
ich mich aus deiner Hand.
Das ist meine Wahrheit
und meine Freude.
Immerfort blickt mich dein Auge an,
und ich lebe aus
deinem Blick,
du mein Schöpfer
und mein Heil.
Lehre mich,
in der Stille
deiner Gegenwart
das Geheimnis zu verstehen,
das ich bin.
Und daß ich bin durch dich
und vor dir
und für dich."   *R. Guardini*

Ich werde deine Grenzen weit machen.

Exodus 34,24

Weites Land will Gott seinem Volk geben. Dieses Wort gewinnt vom Evangelium her einen neuen Sinn. Eine neue, grenzenlose Dimension tut sich auf: die österliche Welt, die Welt der Auferstehung. Pfingsten ist das Fest dieser Entgrenzung: Der Geist des Herrn erfüllt den Erdkreis! Der Horizont aller irdischen Gefangenheiten und Befangenheiten wird aufgerissen zu unerhörter Aussicht: „Siehe: ich sehe den Himmel offen!" (Apg 7, 56), rief Stephanus, der erste Blutzeuge, aus.

Gottes Barmherzigkeit überflutet alle Grenzen, die Zäune fallen – nichts mehr soll ausgeschlossen sein vom Fest der Erlösung, der Befreiung.

Wie mühsam kommt sein Volk dieser Entgrenzung nach! Befreiung von dem Herrschen des einen über den anderen – ist das nicht eine der stärksten Intentionen Jesu: daß keiner mehr eigene Macht haben soll über die Freiheit des anderen? (Vgl. Mk 10,42–45.)

Befreiung von dem Zwang,
vom Brot allein zu leben! –
Ich erfahre meine Grenzen,
schmerzlich stoße ich an meine Grenzen.
Gebundenheiten, Zwänge, die Angst,
die Last der Depressionen,
der Schatten ungelebten Lebens,
das doch zu mir gehört;

die Schuld,
die aus der Enge des Ich-Sagens kam,
die das Du verweigerte...
All das Versäumte...
Die ungelösten Fragen: Woher? Wohin?...
Und da die Zusage Gottes:
„Ich werde deine Grenzen weit machen!"
Ich will diese Verheißung hören
auf mein Leben hin.
Ich will aus dieser Verheißung leben
und den Vor-Schein ihrer Erfahrung zulassen.
Und indem ich selber
mit aller Kraft der Zuversicht
auf die Entgrenzung zuwandere,
die dieses Wort gewährt,
werde ich in wachsendem Glauben beten können:

Du hast meinen Fuß auf weiten Raum gestellt!

Psalm 31,9

59 *Alle Erstgeburt gehört mir... Das Beste von den Erstlingsfrüchten deines Ackers sollst du zum Hause Jahwes, deines Gottes, bringen.*

Exodus 34, 19.26

In einem Gespräch unter Freunden sagte jemand: Erlebnisse in der Natur, der Kunst und besonders in der Begegnung mit Menschen können mich immer wieder so stark einbeziehen, daß mir die Loslösung von ihnen sehr schwer fällt; ich bin so „darin", daß mir nicht selten später, aus einem Abstand heraus, die Frage kommt: Hast du dich daran verloren? Hast du das zu deinem Gott gemacht? Hast du das „angebetet"? Wenn ich um mich schaue, dann meine ich zu sehen: es gibt viele Dinge, die die Menschen, ohne daß sie es sich bewußt eingestehen, zu ihrem Gott machen; sie halten sie fest, als könnte all ihr Glück darin liegen.

Einmal, so fuhr er fort, als ich einen Menschen so liebte, daß jede Stunde vom Gedanken an ihn erfüllt war, durchfuhr mich die Erkenntnis: ist dieser Mensch für dich an die Stelle Gottes getreten? Und mit großer innerer Beteiligung sagte ich in meinem Herzen: Du bist für mich der liebste Mensch auf der Welt, aber: Du bist nicht mein Gott! – Seitdem ist dies für mich zu einer Art Gebetsübung geworden: ich schaue das Erlebte an, das mich in seiner Schönheit und Liebenswürdigkeit so in seinen Bann schlägt, und sage im Herzen: Du bist schön – aber du bist nicht mein Gott! Du kannst mir die letzte Seligkeit nicht geben! So komme ich, von den Din-

124

gen der Schöpfung her, wie ich sie erlebe, vielleicht zu einer wahren Anbetung Gottes.

In diesem Augenblick widersprach ein anderer: So könnte ich nicht beten! Es wäre mir wie eine Verstoßung der Dinge und besonders des geliebten Menschen. Ich würde es so machen, wie ich es einmal in einem Wort von Mechthild von Magdeburg gelesen habe:

„Wenn ich unwürdiger Mensch
Mit meinen Kräften Gott nicht loben kann,
Sende ich alle Kreaturen zum Hofe hinan
Und heiße sie Gott für mich preisen
Mit all ihrer Schönheit,
Mit all ihrer Sehnsucht,
Mit all ihren Stimmen,
Wie sie nun singen."

Vielleicht liegt in diesem Gespräch etwas von dem Bemühen, dieses Wort zu verstehen: „Alle Erstgeburt gehört mir... Das Beste von den Erstlingsfrüchten deines Ackers sollst du zum Hause Jahwes, deines Gottes, bringen."

Daß durch alles, was wir haben, was uns gegeben wurde, ein Zug des Loslassens, des Freigebens hindurchgehe: zu Ihm hin! Daß alle Dinge „durchsichtig" werden auf ihr letztes Ziel hin. Daß durch alles hindurch ein letztes Du-Sagen geschieht.

Paulus sagt es in dem großen 13. Kapitel des 1. Korintherbriefes so: „Wenn ich mit Menschen- und mit Engelszungen rede und habe die Liebe nicht, bin ich ein tönendes Erz und eine gellende Zimbel."

Herr, gib mir die Kraft, dein Wort zu leben: "Höre, Israel! Der Herr, unser Gott, Jahwe, ist einzig. Darum sollst du den Herrn, deinen Gott, lieben aus ganzem Herzen, aus ganzer Seele, aus ganzer Kraft. Diese Worte, die ich dir heute gebe, sollen auf dein Herz geschrieben sein" (Dtn 6, 6).

Als Mose vom Berge Sinai herabstieg, wußte er 60
nicht, daß die Haut seines Angesichts strahlte, weil
er mit dem Herrn geredet hatte. Exodus 34, 29

Der Glanz Gottes, die Herrlichkeit Gottes hatte
sich auf ihn gelegt.
Ob wir nicht manchmal etwas von einem Schimmer dieses Glanzes ahnen auf dem Antlitz eines
Menschen, der ganz in der Nähe Gottes lebt, der
ganz erfüllt ist von der Glaubensliebe zum lebendigen Gott? Auf dem Antlitz eines Menschen, aus
dem die Güte leuchtet?
Das Antlitz Jesu von Nazaret! „Sein Antlitz leuch-
tete wie die Sonne!" (Mt 17, 2). Selbst Pilatus
scheint für einen Augenblick etwas von dem Geheimnis auf dem Antlitz des Dornengekrönten
wahrgenommen zu haben: „Woher bist du?", fragt
er betroffen.
Von diesem Wort aus dem Buch Exodus spannt sich
der Bogen zu dem Wort des 2. Korintherbriefes
(3, 18): „Wir alle spiegeln mit offenem Antlitz die
Herrlichkeit des Herrn wider und werden in dasselbe Bild verwandelt von Herrlichkeit zu Herrlichkeit: durch den Geist des Herrn geschieht es!"

„Du höchstes Licht, du ewger Schein,
du Gott und treuer Herre mein,
von dir der Gnaden Glanz ausgeht
und leuchtet schön so früh wie spät.

Du bist das Licht der ganzen Welt,
das jedem klar vor Augen stellt
den hellen, schönen, lichten Tag
an dem er selig werden mag.

O Sonn der Gnad ohn Niedergang,
nimm von uns an den Lobgesang,
auf daß erklinge diese Weis
zum Guten uns und dir zum Preis."

16. Jh., Gotteslob